돈 걱정 없는
은퇴를 준비하라

THE ULTIMATE RETIREMENT GUIDE FOR 50+

Copyright © 2020 by Suze Orman Media Inc.
Originally published in 2020 by Hay House LLC
Unauthorized duplication or distribution of this work constitutes copyright infringement.
All rights reserved.
This Korean edition was published by Dong Yeon Press in 2024 by arrangement with Hay House(UK) Ltd. through EYA(Eric Yang Agency) Co., Seoul.

이 책은 ㈜에릭양 에이전시(EYA)를 통한 저작권자와의 독점계약으로 도서출판 동연에서 출간되었습니다.
저작권법에 의해 한국 내에서 보호를 받는 저작물이므로 무단전재와 복제를 금합니다.

돈 걱정 없는
은퇴를 준비하라

수즈 오먼 SUZE ORMAN 지음
최병문·강주성·유호실·김지동 옮김
한국재무설계 은퇴설계연구소 기획

동연

추천사

시기는 사람마다 다르지만 어느 누구도 은퇴를 피할 수는 없다. 어떻게 준비하고 대비하느냐에 따라 100세 시대의 은퇴생활은 현격하게 달라질 것이다. 경제적 자유를 갈망하는 은퇴자 및 예비은퇴자들에게 '한국재무설계 은퇴설계연구소'에서 엄선하여 번역한 수즈 오먼의 『돈 걱정 없는 은퇴를 준비하라』의 일독을 권한다.

_ **채영규**(한국FP협회 회장)

Retire를 은퇴라고 번역하지만, 최근에는 'Re(다시)tire(타이어)를 바꾼다'는 뜻으로 은퇴를 재해석하고 있는 추세이다. 재정적으로 급격한 소득의 감소가 예상되면, 이에 대한 보완책을 찾는 것은 인간의 본능일 것이다. 그 보완책으로 가장 효과적인 필독서를 권한다면 바로 이 책이다. 일반적인 독자는 물론 전문적인 PB들도 최신 트렌드에 맞는 은퇴플랜 수립을 위해 반드시 참고하길 바란다.

_ **김성한**(iM라이프 사장)

사람마다 재정적 상황과 만족의 수준은 모두 다르다. 하지만 은퇴 이후의 안정적인 삶을 기대한다는 점에는 예외가 없을 것이다. 이 책에는 은퇴 이후의 보다 편안하고 만족스러운 삶을 위한 실용적이고 현명한 조언이 풍부하게 담겨져 있다. 이 책에서 읽은 내용을 차근차근 하나하나 자신의 라이프스타일에 접목시킨다면 행복한 노후를 맞이할 수 있으리라 생각한다.

_ **이재철**(하나은행 신탁사업본부 부행장)

재무설계 사이클 중 가장 긴 기간인 은퇴설계는 매우 중요하다. 열심히 살아온 인생이 축복 속에 아름다운 노후를 맞이하기 위한 필독서가 세상에 모습을 드러냈다. 이 책은 미국의 저명한 은퇴설계 전문가인 수즈 오먼이 여러 실제 사례를 통해 합리적인 은퇴 계획과 노하우를 제시하고 있다. 행복한 노후를 준비하고 싶다면 꼭 한번 읽어보길 권한다.

_ **조성목**(한국FPSB 부회장)

재무설계의 마지막 단계이자 새로운 시작인 은퇴는 그 무엇보다 중요한 시기이다. 이 책은 열심히 달려온 인생의 결실을 아름답고 풍요롭게 마무리하기 위한 완벽한 지침서로서, 합리적이고 실용적인 은퇴 계획을 제시하며, 복잡하고 막연한 은퇴 준비를 체계적이고 명확하게 도와준다. 미래에 대한 불안감을 덜고, 여유롭고 행복한 노후를 꿈꾸는 모든 분들께 이 책을 적극 추천한다. 이 책은 여러분의 은퇴 계획을 한층 더 탄탄하게 만들어 줄 것이다.

_ **이만희**(미래에셋캐피탈 사장)

20년 업력의 종합재무설계 명가 한국재무설계(주)의 여러 전문가들이 체계적인 은퇴 준비와 실행을 위해 반드시 읽어야 할 명저를 번역·출간했다. 읽는 내내 어느 것 하나 공감이 가지 않는 부분이 없었고 인생 전반에 걸친 은퇴설계 준비를 위한 동기부여가 되었다. 행복한 은퇴를 설계하고자 하는 모든 분들께 일독을 권한다.

_ **배광수**(NH투자증권 Premier Blue 본부장)

행복한 인생 설계를 위해서는 튼튼한 재무설계가 바탕이 되어야 한다. 이 책은 현역 세대부터 은퇴세대까지 행복한 삶을 위한 필독서라 할 수 있다. 재정적 안정과 더불어 진정한 삶의 가치를 발견하는 데 귀중한 길잡이가 될 것이다.

_ **오영표**(신영증권 헤리티지솔루션본부장, 전무)

많은 사람들이 은퇴 이후의 삶에 대하여 막연한 두려움을 느끼고 있다. 심지어 이에 대한 생각 자체를 회피하기도 한다. 하지만 은퇴는 누구에게나 닥치는 일이고, 은퇴준비는 이후의 삶의 질과 생활에 결정적 영향을 미친다. 이 책은 오랜기간 개인 재무설계와 관련된 강의와 상담, 방송프로그램, 그리고 많은 베스트셀러를 저술한 저자 수즈 오먼이 은퇴를 준비하기 위해 점검하고 실천해야 할 내용들을 자세히 이야기하고 있다. 이 책은 독자들에게 은퇴가 더 이상의 두려운 과정이 아닌, 희망찬 삶을 살 수 있는 기회로 가는 길로 안내해 줄 것이다.

_ **양세정**(상명대학교 교수, 소비자경제학 전공)

사람마다 차이는 있겠지만, 직장생활을 하는 누구에게나 은퇴는 예정된 기일에 다가오는 피할 수 없는 현실이다. 정년은퇴를 앞두고 한편으로 회환과 고민, 다른 한편으로 기대와 설레임이 교차하고 있던 차에, 이 책의 번역에 참여한 오랜 친구가 내게 원고를 보내 주었다. 은퇴 전후의 독자들에게 재무적 가이던스를 제공하는 개론서로서, 은퇴 후에 겪게 될 다양한 재무적 상황의 실마리를 풀어갈 인사이트를 제공해 주는 책이었다. 보다 일찍 이 책을 만났으면 조금 더 충실한 은퇴 준비를 할 수 있었겠다는 아쉬움이 있었다. 언젠가 다가올 은퇴를 고민하는 모든 직장인들에게 이 책을 권한다.

_ **김광진**(Certified Exhibition Management, COEX 정년퇴직)

돈이란 차갑고 위험한 속성을 가지고 있다. 인간의 욕망과 가장 가깝게 맞닿아 있기 때문이다. 그렇기에 자신과 돈의 관계를 잘 설정하는 것이 중요하다. 나는 이 책을 번역한 강주성 박사님과의 오랜 만남을 통해 새롭고 편안하며 따뜻한 시각으로 재무 및 은퇴 설계를 바라볼 수 있었다. 이 책도 그렇다. 이 책은 다른 재무 관련 도서에서 좀처럼 볼 수 없는 삶과 사람에 대한 진솔한 '사랑'이 담겨 있다. 이 책을 통해 돈과 은퇴 준비를 위한 따뜻한 목소리에 귀 기울여 보시기 바란다.

_ **이기정**(예비은퇴자, S전자 근무 중)

| Amazon 독자 리뷰 |

이 책에서 많은 것을 배웠다. 은퇴를 재정적으로 준비하는 방법에 대해 알고 싶지만 혼란스럽다면 이 책이야말로 완벽한 책이다. 은퇴 준비에 대하여 알고 있는 게 아무것도 없다는 느낌이었는데, 이 책을 통해 현명한 선택을 할 수 있다는 자신감이 생겼다. 강력히 추천한다!
(아마존 독자 S. 디킨슨)

은퇴 전략뿐만 아니라 생활 전략에 대해서도 이 책을 통해 많은 것을 배웠다. 지금은 재정적인 결정을 내리는 데 훨씬 더 자신감과 안정감을 느낀다. 현재 45세이지만 투자 전략과 50~60대까지의 계획을 잘 이해하고 있다는 생각이 든다. 이 책은 정말 추천하고 싶다.
(아마존 독자 카리 하벨)

이 책은 은퇴하기 전에 고려해야 할 사항들에 대한 일반적인 개요를 잘 보여준다. 매우 명확하고 기본적인 조언이지만 읽기 쉬운 책 한 권에 모두 담겨 있어 도움이 된다. 신탁을 반드시 가져야 하는지에 대해서는 개인적으로 이견이 있지만, 나머지 조언들은 큰 도움이 되었다.
(아마존 독자 호이트 J. 필립스 3세)

꼭 읽어볼 만한 좋은 책이다. 일찍 은퇴하고 국민연금(social security) 수령을 시작하기 전에 이 책을 읽었더라면 좋았을 텐데 하는 아쉬움이 있다. 이 책에는 훌륭한 조언이 많이 있다. 은퇴 후 연금 수령을 결정하기 전에 나이에 상관없이 이 책을 꼭 읽어보시기 바란다. 나는 직장에 파트타임으로 복귀한 후 계획을 이 책의 조언에 따라 수립했다. 강력히 추천한다.
(아마존 독자 사브리나 A. 부락)

수년 동안 수즈 오만의 팬이었다. TV 쇼의 팬이었고, 이미 발간된 책도 읽었다. 수즈는 나의 재정 건전성에 중요한 역할을 해왔고 결코 잘못된 방향으로 이끌지 않았다. 은퇴가 가까워지면서 재무 계획의 이 단계에 대해 더 많은 정보를 얻고 싶었고 이 책은 실망시키지 않았다. 특히 사회보장제도에 대한 이해, 이 시기의 투자 전략, 건강 및 장기 요양, 부동산 계획에 대한 섹션이 도움이 되었다. 이 책을 처음부터 끝까지 다 읽을 필요는 없다. 현재 관심 있는 섹션을 골라 읽다가 필요할 때 다른 섹션으로 넘어가면 된다.

(아마존 독자 S. 존스)

헌정

이 책을 칼라 프리드에게 헌정합니다.

지난 15년 동안 제가 출판한 모든 책, 블로그, 기사는 저와 칼라 사이의 진정한 공동 작업이었습니다. 두 사람 사이의 업무 관계가 우리처럼 오래 지속되는 경우는 결코 흔하지 않습니다.

제가 받은 최고의 선물 중 하나를 꼽으라면 단연 칼라를 최우선 순위에 올려놓고 싶습니다.

칼라, 이 일에 모든 것을 쏟아부어 주어서 정말 고맙습니다.

저는 우리의 이야기가 진정으로 이 세상을 모두에게 더 나은 곳으로 만들었음을 알고 있습니다.

진심으로 감사 드립니다.

독자들께

저는 독자분들이 이 책의 모든 내용을 빠짐없이 읽으시길 바랍니다. 하지만 많은 분들이 자신의 현재 재무 상황과 가장 관련이 있는 내용으로 바로 넘어가고 싶어 한다는 것도 알고 있습니다.

그래서 저는 여러분이 그렇게 할 수 있도록 이 책을 구성했습니다. 아직 은퇴하지 않으셨다면 3장 "현업에 있을 때 최대한 저축하라"에서 대부분의 질문에 대한 대답을 찾을 수 있을 것입니다. 이미 70대에 접어들었다면 5장 "60대, 은퇴 전후 5년 사이에 당신이 해야 할 일"을 건너뛰고 넘어갈 가능성이 높습니다. 한편 이미 은퇴하셨다면 7장 "은퇴 자금 투자전략"을 참고하는 것이 투자전략을 세울 때 가장 합리적일 것입니다. 이 책을 어떤 순서로 읽든 각 장은 그 자체로 하나의 완전한 단위라는 점을 기억하세요.

저는 독자분들이 이 책을 평생 사용하시길 바랍니다. 이 책은 은퇴의 모든 단계에 도움이 되는 정보를 제공하고, 명확하고 간결한 지침을 제시하고자 했습니다. 이 책이 여러분에게 최고의 은퇴를 안내해 줄 것입니다. 제가 이 책을 쓰면서 즐거웠던 만큼, 여러분도 즐겁게 읽어 주시기 바랍니다.

수즈 오먼 SUZE ORMAN

책을 펴내며

    은퇴는 축복이 될 수도, 재앙이 될 수도 있습니다. 하지만 언젠가 맞이할 수밖에 없는 은퇴를 두려워하는 마음으로 그저 기다리고만 있을 것인지, 아니면 적극적으로 준비하며 오래도록 꿈꾸어 온 새로운 인생으로 전환을 이루어 낼 것인지는 결국 자신에게 달려 있습니다.

    이 책의 저자 수즈 오먼은 은퇴 전후로 놓쳐서는 안 되는 중요한 문제들을 하나하나 꼼꼼하게 짚어 줍니다. 그리고 은퇴 준비에 있어서 어쩌면 최대의 변수가 될 수도 있는 가족의 문제 또한 담담하고 진솔하게 다루고 있습니다. 그리하여 진정한 사랑이란 무엇인지 생각해 보게 합니다. 사랑에 기반하지 않으면 은퇴 이후, 노후의 행복한 삶이란 개념이 성립할 수 없음을 알게 합니다. 가장 냉철하고 현실적인 분석가인 저자가 아이러니하게도 보이지 않는 사랑의 중요성을 말하고 있는 것입니다.

    그리고 저자는 그 '사랑'을 현실에 뿌리내리게 하기 위한 이야기로 이어갑니다. 결국, 가장 중요한 질문은 '은퇴설계를 어떻게 해야 삶의 다음 단계를 든든한 반석 위에 올려 둘 수 있을까?'입니다. 그것이 바로 '돈 걱정 없는 은퇴'입니다.

    한국재무설계(주)는 오랜 시간 고객을 만나오는 동안, 은퇴에 대한 그들의 생각을 알아볼 수 있었습니다. 고객들은 이제 은퇴를 앞두고 무엇을 해야 하는지, 걱정과 기대를 비롯하여 구체적인 전략과 실행 방안에 대한 고민을 우리와 함께 나누고 방법을 찾아가고 있습니다.

하지만 여전히 많은 이들이 은퇴 이후의 삶에 대해, 어떻게든 살아가게 될 거라는 막연한 기대 혹은 이미 늦은 게 아닌가 하는 절망감, 빠듯한 생활에 치이는 현실 앞에서 은퇴 이후는 생각할 여력도 갖지 못한 채 지레 포기하는 태도를 보이기도 합니다. 열심히 각자의 인생을 살아온 이들이 은퇴를 앞두고 노년의 길목에 서서 보여주는 이처럼 안타까운 모습을 목격해 온 우리 연구소에서, 이제 은퇴가 그들의 삶에 절망이 아닌 희망으로 다가올 수 있기를, 미래를 대비하기 위해 고민하는 이 책의 모든 독자께서 행복한 은퇴를 맞이할 수 있기를 바랍니다.

최병문 (한국재무설계 대표)

차례

추천사 · 4
헌정 · 9
독자들께 · 10
책을 펴내며 · 11

1장   돈 걱정 없는 은퇴를 준비하라 · 17

전사의 마음가짐을 간직하라 · 23

2장   은퇴 계획에 차질이 없는 범위 내에서 가족을 지원하라 · 31

자녀와 손주 · 37
재정적 책임을 분명하게 한다 · 39
대출에 연대보증하지 않는다 · 43
건전한 재무 마인드를 갖도록 지도한다 · 44
노부모 · 47
간병 소용 비용을 면밀하게 검토한다 · 47
간병을 책임지는 경우 관련 비용을 청구한다 · 48
간병비 지출 한도를 설정한다 · 50
진정한 사랑과 너그러움이 가족 지원에 대한 지침이 되도록 하라 · 52

3장   현업으로 일할 때 최대한 저축하라 · 55

은퇴 전 부채 상환을 최우선 과제로 생각한다 · 59
소득 범위 내에서 생활하는 것을 습관화한다 · 59
적절한 은퇴 계좌를 선택하여 저축을 최대화한다 · 66
현업으로 오랫동안 일할 수 있는 방안을 강구한다 · 68
장기요양보험 가입을 검토한다 · 72

4장 　 **은퇴 후 주거 문제를 사전에 검토한다 · 79**

　　현재의 주택에 계속 머무르고자 하는 경우 · 83
　　거주지 이동을 고려하고 있는 경우 · 95
　　이사를 고려하는 경우 알아야 할 것들 · 98

5장 　 **60대, 은퇴 전후 5년, 당신이 해야 할 일 · 108**

　　퇴직연금 계좌 운용에 대하여 의사결정한다 · 110
　　기존 퇴직연금 계좌 유지의 장점 · 112
　　은퇴는 길다. 투자를 멈추지 않는다 · 115
　　사회보장연금 수령을 70세까지 연기한다 · 116
　　90세까지 생존한다고 가정한다 · 119
　　안전한 퇴직연금 지급 옵션을 선택한다 · 125
　　퇴직연금을 일시금으로 수령하고자 하는 유혹을 피한다 · 129
　　메디케어 및 보충 보험을 등록한다 · 132
　　은퇴 초기 약세장을 대비한 투자전략을 준비한다 · 133

6장 | 안정적 은퇴 소득을 확보하라 • 141

모든 사람에게 적합한 단일한 계획이란 없다 • 145
은퇴 생활 소요 비용을 산정한다 • 146
확실한 은퇴 소득원을 확보한다 • 147
보장된 연금 수입으로 고정 생활비를 충당한다 • 150
고정적 월 지급금을 보장하는 연금을 고려한다 • 152
최소 2년간의 비상 자금을 현금으로 확보한다 • 158
은퇴 첫해에는 은퇴 자금 포트폴리오의 3% 이하 지출을 계획한다 • 160
약세장에서 유연성을 유지한다 • 162

7장 | 은퇴 자금 투자전략 • 167

최소 95세까지 생존한다고 가정한다 • 172
인플레이션 대응 전략을 수립한다 • 174
은퇴 자산 포트폴리오 전략을 수립한다 • 178
수수료가 저렴한 인덱스펀드와 ETF로 다양한 포트폴리오를 구축하라 • 181
은퇴 자금 투자에 적절한 주식을 보유한다 • 187
은퇴 자금 투자에 적절한 채권을 보유한다 • 192
선택과 의사결정을 두려워하지 않는다 • 207

8장 | **자신에게 적절한 재무 자문가를 찾는 방법 • 213**

모든 재무 자문가가 고객에게 도움이 되는 것은 아니다 • 218
어떤 유형의 도움을 받고자 하는지 확인한다 • 219
자신에게 적합한 재무 자문가에게 초점을 맞춘다 • 222
재무 자문가 후보군을 탐색한다 • 223
후보 재무 자문가의 경력과 평판을 조사한다 • 224
후보 재무 자문가에게 해야 하는 질문 그리고 들어야 할 질문들 • 226

9장 | **자신과 사랑하는 가족을 위한 마지막 준비 사항 • 237**

생전 신탁 (living revocable trust) • 243
유언장 (will) • 247
사전연명치료의향서 (advances directive and durable power of attorney for healthcare) • 249
재무위임장 (financial power of attorney) • 251
재정 문제에 대하여 누군가의 도움을 받는 것을 고려한다 • 252
장례 절차에 대하여 원하는 바를 문서화한다 • 253

10장 | **다섯 가지 돈의 법칙 • 257**

옮기고 나서 • 266
역자 소개 • 268

1장

돈 걱정 없는
은퇴를 준비하라

40여 년 전 재무 자문가로서의 경력을 시작하면서부터 나는 은퇴 설계가 나의 전문 분야가 될 것 같다고 느꼈다. 은퇴를 앞두고 두려움과 불안감으로 사무실을 찾아온 첫 고객과 나는 일종의 유대감을 느꼈다. 고객은 은퇴 후 삶의 질에 영향을 미칠 수 있는 중요한 결정을 해야만 했다. 그는 자신이 알 수 없는 중요한 외부적 요인에 의해 자신의 미래가 결정되는 것은 아닌지 걱정하고 있었으며, 맞닥뜨리고 있는 중대한 삶의 변화에 제대로 대응하지 못하지 않을까 두려워하고 있었다.

나는 막 경력을 시작하는 단계였으며 은퇴에 대해 생각해 본 적이 없었다. 하지만 평생 모은 자금을 잘 모르는 사람에게 맡기는 것에 따른 두려움에 대하여 전적으로 공감할 수 있었다.

왜냐하면 사회생활 초년에 금융 브로커에게 이용당했던 경험이 있었기 때문이다. 당시 나는 식당 창업에 필요한 자금을 마련하고자 친구들과 고객에게서 4만 달러를 빌렸었다. 그런데 미련하게도 나는 투자에 따른 잠재적 위험을 전혀 경고하지 않고 고위험 투자상품에 투자하는 젊은 금융 브로커에게 그 돈 전부를 맡겼다. 그리고 일어난 일은? 나는 모든 것을 잃었다. 엄청난 충격이었다. 돈만 잃은 것이 아니라 인생 전체가 끝난 것 같았다.

하지만 한편으로 그 경험은 고객이 신뢰할 수 있는 재정자문가가 되겠다고 결심한 계기가 되었다. 그리고 은퇴를 앞둔 사람들이 자신의 자금을 안전하게 관리할 수 있도록 돕는 것이 나의 직업이 되었다.

이 글을 쓰는 현재 나는 71세다. 수십 년간 사회생활을 했기 때문에 은퇴를 앞둔 사람들이 가진 고민에 많은 것을 공감한다. 나도 더 이상 일하지 않는 완전 은퇴가 멀지 않았다. 그리고 나이를 먹어가면서 발생하는 심리적, 감정적 문제에 대해서도 상당한 지식을 갖고 있다. 또한 사랑하는 가족들에 대한 당신의 희망과 두려움, 바라는 바를 잘 알고 있다. 이 책을 통해 당신에게 드리는 조언은 돈에 관한 결정이 결코 돈 문제만이 아니라는 것을 깨닫게 된 나의 경험에서 우러나온 것이다.

그리고 나는 우리들이 자금 운용과 관련해서 알아야 하는 것들이 이전 세대보다 훨씬 더 복잡하다는 것도 잘 알고 있다. 1980년대에 나는 투자 포트폴리오에서 주식시장 위험을 부담하고 싶지 않은 고객들에게 최대 15.5%의 이자를 지급하는 30년 만기 미국 국채(U.S. Treasury Bond)를 추천했다. 그리고 이것은 고객에게 제안했던 최상의 투자 중 하나였다. 당시 머니 마켓 계좌(Money Market Account)는 18%가 넘는 이자를 지급했으며, 고객들은 투자전략을 수립하는 동안 걱정 없이 자금을 예탁했다. 물론 당시에 인플레이션율도 높았다. 하지만 안전한 예금을 통해 얻을 수 있는 수익률보다 높지는 않았다. 주식의 급등락을 걱정하는(1968년부터 1982년 사이에 세 번의 하락장이 있었다) 사람들은 안전한 예금

저축을 할 수 있었다.

가장 큰 차이점은 당시에는 퇴직연금 401(k)[1]과 확정기여형(DC형) 퇴직연금이 아직 연금 계획에 엄청난 변화를 가져오지 않고 있었다는 것이다. 대부분의 사람은 거액의 퇴직금을 어떻게 운용해야 하는지 고민할 필요가 없었다. 대부분의 직장인은 같은 회사에서 30년 이상 근무한 후 정년퇴직했다. 이것은 오랜 근무 기간에 따른 넉넉한 퇴직금을 보장받고 은퇴한다는 것을 의미했다. 퇴직금으로 보장되는 연금소득(또한 대부분의 퇴직자는 별도로 사회보장이 있었다)은 은퇴 후 편안한 생활을 하기에 모자라지 않았다. 그리고 상당수 회사들은 메디케어 보충 보험(supplement Medicare)[2]을 퇴직자들에게도 제공했다. 현재까지 이런 혜택을 제공하는 기업은 거의 없다. 그 시절은 정말 단순했다. 사람들은 은퇴를 걱정하지 않았고, 오히려 은퇴를 기다렸다.

하지만 이제 이야기는 완전히 달라졌다. 대부분의 회사는 오래전에 이러한 혜택을 중단했으며, 일부 공공부문 종사자들만이 이러한 연금을 받는다. 그리고 이러한 연금을 받을 만큼 운 좋은 사람들조차도 연

---

[1] 미국의 퇴직연금제도. 내국세입법 401조 k항에 직장가입 연금이 규정되어 있어 이와 같이 불린다. DB형과 DC형을 포함한 퇴직연금이 운영되고 있으며 1982년 401(k) 도입 이후 DC형 퇴직연금 제도와 가입자 수가 계속 증가하고 있지만, DB형 퇴직연금 제도와 가입자 수는 감소하고 있다. 우리나라의 퇴직연금은 기업이 퇴직금을 금융기관에 적립하고, 근로자가 퇴직할 때 연금 또는 일시금으로 지급하는 법정 퇴직 급여 제도로 운영된다. 고용주는 근로기간 1년에 대하여 30일분 이상의 평균임금을 퇴직금으로 퇴직근로자에게 지급할 수 있는 제도를 설정해야 한다. DB형과 DC형으로 운영된다.

[2] 미국 보험 회사들이 판매하는 메디케어 보충보험은 메디케어가 보장하지 않는 건강보험의 일부를 보장한다. 우리나라의 경우 회사가 단체보험의 형태로 건강보험이 보장하지 않은 의료비의 일부를 부담하는 실손보험을 지원하기도 한다. 다만 기업이 보험 회사와 개별 계약을 맺는 것이기 때문에 회사마다 보험의 보장 내용은 다르다.

금 재원이 고갈되지 않을까 하는 두려움을 갖고 있다. 이제 대부분의 사람들은 스스로 401(k)과 개인연금 계좌(IRA)(IRA)[3]에 소득을 저축하여 은퇴 자금을 마련해야 한다. 그리고 스스로 자금 운용에 대한 결정을 해야 한다. 이들은 은퇴 후 이전의 퇴직 계좌에 자금을 그대로 두어야 할지, 아니면 다른 계좌로 옮겨야 할지 고민한다. 그리고 다른 계좌로 자금을 옮긴다면 어떻게 투자해야 할지 고민하게 된다.

또한 은퇴자의 상당수에게 가장 스트레스가 되는 의사결정은 해마다 어느 정도의 자금을 은퇴 계좌에서 인출해서 사용할 것인가이다. 은퇴 초기에 너무 많이 인출하면 90세 이후에는 은퇴 자금이 고갈될 위험이 있다. 이제 90세를 넘어서까지 생존하는 것은 꽤나 흔한 일이 되고 있다.

세금은 또 다른 문제다. 은퇴 계좌에서 인출하는 자금에는 소득세가 부과된다. 2008년 금융위기 이후 거의 15년 동안 금리는 제로 수준에 가까웠다. 한 가지 좋은 소식은 인플레이션이 안전 저축의 이자율보다 훨씬 낮았다는 것이다. 하지만 이러한 낮은 수익률은 부모 세대와 같이 안전한 저위험 투자를 통해 얻는 이자소득만으로 은퇴 생활을 유지하는 것은 상상할 수 없게 되었다. 그러다가 이자율과 인플레이션이 급격히 상승하고 주식시장이 약세장에 빠진 2022년에 이르러서는 소비지출, 투자, 은퇴 계획에 새로운 문제가 발생했다.

---

[3] Individual Retirement Account. 미국의 개인연금제도. 우리나라에서는 개인형퇴직연금(IRP, Individual Retirement Pension)으로 불린다. 퇴직 또는 이직 시 발생하는 퇴직금과 추가납입을 운용하여 만 55세 이후에 연금으로 받을 수 있는 절세 은퇴 계좌이다.

사회보장제도의 미래는? 당신의 은퇴 시점까지 아무런 문제가 없을 것인가? 고민해야 할 것들이 너무 많다. 은퇴가 10~20년이 남았고 은퇴 생활이 20~30년 이상 지속될 것으로 예상되는 사람들에게는 가까운 미래에 다가오는 미지의 것들이 너무 많다. 그것이 내가 이 책을 쓰게 된 이유다.

나는 "뜻이 있는 곳에 길이 있다"는 오랜 격언을 믿는다. 이 책을 읽고 있는 당신은 재무적 자신감을 키워줄 정보로 무장하고 싶어 한다. 당신에게는 이러한 상황을 정면으로 마주하고자 하는 용기가 있기 때문이다. 나는 당신에게 길을 보여주고자 한다. 앞으로의 장에서 나는 당신이 돈 걱정 없는 은퇴를 계획하는 데 필요한 의사결정을 할 수 있도록 안내하고자 한다.

전사의 마음가짐을 간직하라

은퇴를 앞둔 당신이 가져야 할 가장 소중한 재산 중 하나는 바로 당신의 마음가짐이다. 은퇴 자금이나 부동산이 아니라 미래 계획에 대한 당신의 태도와 에너지이다. 자신을 어떻게 생각하고 미래를 어떻게 설계할 것인가 하는 것이다. 긍정적이고 할 수 있다는 마음가짐은 상황이 좋을 때도, 나쁠 때도 항상 미래를 향해 전진할 수 있게 한다. 어떤 일이 닥쳐도 이겨낼 수 있다는 강인함과 확신으로 미래를 맞이할 수 있다면 당신의 미래는 밝다. 두려움 없이 미래를 맞이하는 것, 보다 나은 미래를 구상하는 것, 이것이 은퇴를 진정한 삶의 황금기로 만드는 것이다.

하지만 안타깝게도 많은 사람들이 그렇게 하지 않는다. 은퇴를 앞둔 상당수 사람들은 재정적 준비 부족으로 인해 은퇴를 못 하게 될까 걱정한다고 한다. 젊었을 때 저축과 재무 관리를 제대로 하지 못했다고 스스로에게 화내고 좌절하면서 후회하기도 한다. 한편으로는 부지런히 저축하고 소득 범위 내에서 생활했지만 여전히 은퇴 자금이 충분하지 않아서 걱정이라고 말하기도 한다. 또한 이미 은퇴했지만 은퇴 자금이 부족하다고 걱정하는 사람들도 많다.

그러나 나는 당신이 자신이 하지 않은 일 또는 다르게 할 수 있었던 일로 인해 후회하지 않길 바란다. 인생의 후반부에 이르러서 은퇴 자금이 부족하다고 느끼며 재정을 제대로 관리하지 못했다고 자책하지는 말라. 또한 몇 년 후에 일어날 일에 대한 두려움으로 인해 안절부절못하는 상황을 만들지 말라. 두려움, 수치심, 분노는 풍요와 부에 대한 주요 장애물이다. 그러한 마음 상태는 우리로 하여금 잘못된 일을 하게끔 만들고 자신의 재정적 목표를 향해 나아갈 수 있게 하는 현명한 선택을 간과하게 만든다. 은퇴 계획 문제 뒤에 숨어 있을 수 있는 두려움과 수치심, 분노에서 벗어나길 바란다.

역사는 다시 쓸 수 없고 과거는 되돌릴 수 없다. 또한 미래 예측은 어렵다. 그러나 돈의 관점으로 보자면, 지금 바로 여기에서 어떻게 해야 할지에 대한 통제권은 오로지 당신 자신에게 있다. 은퇴 전에 당신이 할 수 있고 해야 할 일은 아직 많이 남아 있다. 이것들을 실행하면 은퇴 후 당신이 원하는 삶을 실현하는 데 도움이 된다. 이미 은퇴한 사람들에게도 향후 몇 년 동안 보다 나은 결과를 얻을 수 있도록 계획을 재검토하고 다시 집중할 기회는 항상 남아 있다.

나는 걱정하는 사람, 두려워하고 불안해하는 사람을 위해 이 책을 썼다. 그리고 앞으로 나아가고자 하는 길을 탐색하는 당신에게 도움이 필요하다는 것을 잘 알고 있다. 나는 평생 사람들이 행복하고 안전한 은퇴를 할 수 있도록 코치해 왔다. 이제는 당신의 차례다. 나는 이 책에 내가 알고 있는 모든 것을 담았다. 전략은 간단하다. 해야 할 것을 하고, 하지 말아야 하는 것을 하지 않는 것이다. 그리고 도전하는 것이다. 하지만 "공포를 극복하는 것은 행동뿐이다"라는 것을 명심하는 것이 가장 중요하다.

낙관주의와 결의는 이 책의 조언을 당신과 당신 가족이 누리고자 하는 미래를 향해 나아가게끔 하는 행동과 결정으로 변화시킬 것이다. 그것은 삶의 백미러에 초점을 맞추지 않는다는 것을 의미한다. 당신이 현재 갖고 있는 것 그리고 당신이 바라는바, 얻고자 하는 내일을 창조하기 위해 당신이 무엇을 할 수 있는지 살펴보도록 하라.

My Story

내가 재무 자문가으로서의 경력을 시작한 지 몇 년 지나지 않아 일부 고객의 상황에는 커다란 변화가 있었다. 북부 캘리포니아 소재 전력 회사인 Pacific Gas and Electric(PG&E)은 1987년 50대 초반의 근로자 수천 명을 해고하기로 결정했다. 근로자들은 전혀 예상하지 못했다. 그들은 앞으로 10~15년 정도는 안정적 고용 상태가 유지될 수 있을 것으로 기대했었다. 해고 종업원의 대부분은 25년 이상 근무한 직원이었다. 예상치 못한 정리해고 통보를 받고 얼마나 큰 충격이었겠는가?

PG&E는 조기퇴직 직원을 대상으로 하는 퇴직 세미나에 나를 강사로 불렀다. 어느 날 갑자기 직장을 잃은 수백 명의 사람들을 만나면서 내가 알게 된 것은 이렇다. 낙관적인 태도를 갖고 자신이 일을 해낼 수 있다고 믿는 사람들은 실제로 그 일을 해낸다. 하지만 그들은 두려워하고 분노하며 PG&E가 자신들의 삶을 망쳤다고 생각하고 있었으며, 그러한 감정을 극복하고 자신의 재정을 통제하는 데 어려움을 겪었다.

사실 대부분은 재정 상태에 큰 문제가 없었다. 대부분 월 1만 달러가 넘는 연금을 받을 수 있었고(무려 30여 년 전이다) 수백만 달러의 자산을 보유하고 은퇴하는 임원들도 있었다. 하지만 내가 만난 많은 사람들은 회사와 자신에게 분노하고 미래가 아닌 과거만 바라보고 있었다.

한편 월 2천 달러의 연금, 20만 달러 미만의 자금을 보유한 근로자들도 있었다. 그들도 실직으로 큰 충격을 받았지만, 그들의 초점은 보유 자산을 어

> 떻게 투자하고 운용할 것인가에 있었다. 그들은 연금에 관해 현명한 결정을 하고, 새로운 일자리를 찾고, 지출을 줄이고, 경우에 따라 저렴한 주택이나 도시로 이사하여 자금을 확보했다. 그들은 자신이 가지고 있는 것 그리고 미래에 무엇을 가질 수 있는지에 집중했다.

특정 시점의 잘못된 재정적 판단으로 인해 은퇴 계획이 궤도에서 벗어날 수도 있다. 이혼, 예상치 못한 가족의 사망, 커다란 경기침체 등으로 인해 커다란 타격을 받거나 재정적 어려움을 겪고 있을 수도 있다. 또한 여전히 자녀 학자금 대출을 상환해야 하거나 연로한 노부모를 부양해야 할 수도 있다. 이해한다. 이 모든 것 그리고 다른 여러 가지 요인으로 인해 당신의 재정 상태뿐만 아니라 정신건강에도 어려움이 있을 수 있다.

하지만 불안과 두려움을 느끼기 시작할 때마다 여러분이 했으면 하는 일이 있다. 거울을 보고 자신에게 이렇게 말하라.

"나는 전사이다. 나는 전장에서 도망치지 않는다."

나에게 비판적인 사람들은 달리 말할 수도 있다. "수즈, 농담해? 당신의 조언이 겨우 그 정도 이야기인가?" 그러면 나는 "네, 그렇습니다"라고 대답할 것이다. 스스로 일어설 수 없다면, 지금 당장 행동을 시작할 수 없다면 누가 당신을 위해 그 일을 해 줄 것인가? 주위를 둘러보

라. 당신보다 당신의 돈에 더 신경 쓰는 사람이 어디에 있는가? 당신의 돈에서 벌어지는 일은 당신 삶의 질에 직접적으로 영향을 미친다. 나의 삶이나 다른 어떤 재무 자문가의 삶이 아니다. 바로 당신의 삶에 영향을 미친다.

왜 '전사'이고, 왜 '전장'이라는 단어를 선택했는가? 당신에게 어떤 일이 있더라도 당신에게는 목표를 향해 나아갈 힘이 있고 용기를 낼 수 있다는 것을 알았으면 하기 때문이다. 물론 쉽지 않다. 그래서 나는 '전사'라는 단어를 선택했다. 당신에게는 열정이 있다. 우리 모두가 해야 할 일은 오로지 그 힘을 활용하고자 하는 용기와 결단력을 불러일으키는 것이다. 우리 모두는 이것을 할 수 있다. 우리는 함께 인생의 이 단계에서 발생하는 모든 의사결정을 제대로 처리하여 은퇴를 자유롭게 즐길 수 있도록 할 것이다. 내가 생각하는 최상의 은퇴는 돈 때문에 스트레스를 받지 않는 은퇴다. 나는 당신이 저축으로 확보한 자금이 얼마나 지속될 수 있는지 걱정하면서 은퇴 생활을 보내는 것을 원하지 않는다. 나는 당신이 올바른 투자 선택을 했는지 불안해하며 노후 생활을 보내지 않기를 바란다.

재정 상태가 어떠하든, 당신은 이 책을 통해 자기 자신을 발견할 수 있을 것이다. 이 책은 성인 자녀나 손주를 위한 책이 아니다. 이 책은 최소 50세 이상이며, 은퇴와 관련된 여러 가지 문제를 적절하게 검토하고 하나로 모아서 체계적으로 은퇴 계획을 수립하고자 하는 사람을 위한 것이다. 여기에는 여전히 현업에서 일하거나 보다 오랫동안 일하기를 원하는 사람, 재정적 안전과 은퇴 자신감을 향상시키고자 은퇴 전략을 탐색하는 은퇴자도 포함된다. 은퇴 전략을 개선하고 조정할 시간과 기회는 언제라도, 항상 있다.

2장은 당신에게 사랑하는 가족에게 재정적 지원을 할 수 있는 여유가 있을 때 어떻게 해야 하는지에 대하여 이야기한다. 이 문제에 대한 당신의 관점을 정립하면 안전한 은퇴에 훨씬 가까워질 수 있다. 3장은 여전히 현업에서 일하고 있는 사람들을 위한 것이다. 여기에는 은퇴 시점까지 당신이 해야 할 행동 그리고 하지 말아야 할 행동에 대해 조언한다. 4장은 은퇴 후 거주지 문제를 논의한다. 5장은 당신이 완전 은퇴하기 전에 해야 하는 주요한 의사결정 사항을 다룬다.

6장과 7장에서는 25~30년 이상 지속될 수 있는 은퇴 기간 동안 안정적 소득 흐름을 창출하는 방법, 은퇴 자금 투자 및 운용 전략을 다룬다. 이러한 모든 것이 당신을 혼란스럽게 하고 도움이 필요하다면 재정자문가에게 도움을 요청하라. 8장에서는 당신에게 적절한 조언과 도움을 줄 수 있는 전문가를 탐색하는 방법을 설명한다. 누구든지 자신을 재정자문가라고 할 수 있다. 하지만 상당수 사람들은 당신에게 무언가를 판매해서 수수료를 얻고자 하는 영업 사원에 지나지 않는다. 나는 당신이 이러한 함정에 빠지도록 놔두지 않을 것이다.

9장은 내가 가장 관심 있는 주제다. 이 장에서는 당신과 당신 자녀의 삶에 닥칠 수 있는 스트레스를 제거하기 위해 작성해야 하는 필수 문서와 의사결정 사항을 살펴본다. 그렇다. 유언장, 신탁, 사전연명 의료의향서에 관한 이야기다. 이것들을 준비하면 은퇴 후 여러 가지 걱정으로부터 벗어날 수 있다. 순조로운 은퇴 전환에 필요한 모든 것을 완료했

음을 알게 되면 편안한 마음을 가질 수 있을 것이다.

이 책에는 깊이 생각하고 소화해야 하는 내용들이 많다. 이 책이 제안하는 여러 가지 조치를 수행하기 위해서는 가족과 쉽지 않은 대화를 시작해야 할 수도 있다. 부를 위한 필수 요소는 용기, 즉 어려운 결정과 회피할 수 없는 도전이 있는 미래를 직면하는 용기라고 나는 항상 이야기해 왔다. 이 책에서 나는 가능한 한 미래의 불투명한 것들을 최소화하고 심사숙고하여 당신 안의 전사를 찾을 수 있도록 격려할 것이다.

나는 당신이 자신감과 낙천주의를 가지고 미래를 바라볼 수 있도록 지원하고 싶다. 50, 60대에 현명한 선택을 한다면 70, 80, 90대에는 돈 걱정 없는 노후라는 귀중한 선물을 얻게 될 것이다. 그리고 이것이 내가 생각하는 최상의 은퇴다.

2장

은퇴 계획에 차질이 없는 범위 내에서 가족을 지원하라

안전한 은퇴를 위한 첫 번째 단계는 재무적 의사결정을 가슴으로 하지 않는 것이다. 당신의 가슴 속에는 항상 가족들이 있다. 부모는 어느 시점에도 부모로서의 역할을 놓아 버리지 못하고, 부모에게 자녀들은 성인이 되어도 영원히 자식일 뿐이다. 그리고 귀엽고 소중한 손주도 있다. 당신에게 커다란 축복이다. 하지만 한편으로는 은퇴가 가깝거나 이미 은퇴한 당신에게는 또 다른 재무적 압력 요인이 될 수 있다.

우리 모두 오랜 기간 지속된 자녀에 대한 보호자와 후원자 역할에서 벗어나는 것은 쉽지 않다. 이것은 우리의 정체성의 근저를 이루고 있기 때문이다. 물론 누구나 경제적 자립이 자녀들로 하여금 삶을 헤쳐 나가는 데 필요한 자신감과 힘을 갖게 하는 중요한 이정표라는 것을 잘 알고 있다. 하지만 언제 어떻게 자녀들이 경제적 자립에 도달하도록 해야 하는지에 대한 명확한 지침은 없다.

때로는 성인 자녀에게 지원이 필요할 때도 있다. 하지만 적지 않은 부모들은 이러한 지원이 자녀의 경제적 자립에 도움이 되는지, 아니면 자녀들로 하여금 재무적 문제를 등한시하게 하는 결과를 초래하는지 신중하게 생각해 보지 않고 자녀들을 지원한다. 또한 장기적으로 자신의 은퇴 계획에 미치는 영향을 생각하지 않고 성인 자녀들을 지원하기도 한다.

한편으로 당신은 자녀들을 독립해서 내보낸 후 부부가 조용하게 살고 싶지만, 자녀들이 한동안 당신의 집에 계속 머물고자 할 수도 있다. 지금은 우리 시대보다 훨씬 많은 20~30대 성인 자녀가 부모와 함께 살고 있다. 성인 자녀들이 부모 집에서 함께 생활하는 것은 아직 소득이 충분하지 못할 때, 구직 활동을 하고 학자금 대출을 상환하고 비싼 임대료를 부담해야 하는 청년들에게 매우 현명한 선택일 수 있다.

하지만 동거하는 성인 자녀가 가계비를 부담하지 않는 것은 정서적으로나 재무적으로나 바람직하지 않다. 이것은 사랑과 관련이 없다. 오히려 자녀가 올바른 어른의 모습을 갖추도록 지도하는 부모의 역할과 관련이 있다. 그러기 위해서는 성인 자녀를 어른처럼 대해야 한다. 함께 사는 자녀들은 당연히 가계비를 부담해야 한다.

어떤 부모들은 자신의 은퇴 계좌에 불입해야 하는 자금을 자녀 지원에 사용하고 있다고 말하기도 한다. 자녀를 계속 부양함으로 인해서 잠재적으로 자신의 은퇴 안전을 위험에 빠뜨릴 수 있다는 것을 스스로도 잘 알고 있다. 이들은 성인 자녀를 위해 지출하는 돈이 자신의 미래를 위해 꼭 써야 할 돈이라는 사실을 잘 알고 있으면서도 자녀를 부양하는 책임감에서 벗어나지 못하는 것이다.

이 장에서 나는 성인 자녀를 재정적으로 지원하는 것이 결과적으로 부모와 자녀 모두에게 좋지 않다는 생각을 공유하고자 한다. 그렇다고 자녀에 대한 지원을 갑자기 중단하라고 말하는 것은 아니다. 나는 이로 인해 당신의 자녀가 난감해하고 경제적 어려움에 빠지는 것을 원하지 않는다. 하지만 내가 말하고자 하는 바는 자신의 미래를 대비한 은퇴 자금과 자녀에 대한 지원 자금을 구별해야 한다는 것이다. 그리고 자신의 미래를 위험에 빠뜨리지 않도록 자녀에 대한 지원 규모를 적절하게 조정하는 방법을 찾으라는 것이다.

그리고 당신에게는 손주들이 있을 수 있다. 손주들! 눈에 넣어도 아프지 않다. 손주들은 당신을 언제나 즐겁게 한다. 많은 조부모들은 손주들에게 다양한 경험과 기회를 주고자 애쓴다. 가족에게 경제적으로 적합한지에 관계없이, 당신은 후원자 본능이 작동하여 손주의 사립학교 등록금, 방과 후 프로그램, 개인 교습, 여름 캠프, 대학 등록금 지원을 약속하기도 한다. 하지만 당신에게 손주를 지원할 수 있는 경제적 여유가 있는지 신중하게 고려해야 한다. 당신의 대답은 항상 "Yes"일지도 모른다! 그러나 이러한 지출로 인해 90세를 넘어서 살아가게 될 당신의 은퇴 자금이 고갈되는 결과를 가져와서는 안 된다. 이 책 전반을 통해서 이야기하겠지만, 현재 65세인 사람은 100세까지 생존할 확률이 매우 높다.

은퇴 계획을 복잡하게 만드는 것에는 노부모에 대한 돌봄과 부양 책임이 포함된다. 이미 여러분 중 상당수는 노부모의 노쇠화에 따른 돌봄 지원, 홀로 된 이후 부모의 생활 적응을 돕는 경험을 시작했을 것이다. 물론 당신은 노부모님을 지원하고 싶어 하고, 노부모에게는 당신의 도움이 필요하다. 그러나 이러한 책임 부담은 당신의 은퇴 안전을 위험에 빠뜨릴 수 있다. 노부모가 오랫동안 머무르고 있던 집에서 계속 살게 하거나 노인 생활 지원 서비스가 제공되는 환경으로 이주할 수 있도록 돕고자 하는 자녀들의 마음은 소중하다. 이러한 지원을 할 수 있는 재정적 여유가 있다면, 자신을 키워준 노부모를 지원하는 것보다 더 돈을 잘 사용하는 방법은 없다고 생각한다.

그러나 이것은 당신이 은퇴 후 직면해야 하는 가장 큰 진실의 순간이 될 수 있다. 많은 사람들에게 노부모에 대한 이러한 지원은 값비싼 대가가 따른다. 노부모님 돌봄에는 커다란 비용이 소요된다. 경우에 따라 돌봄을 위해 퇴직한다면, 이것은 당신이 노후에 사용할 수 있는 자금이 크게 줄어든다는 것을 의미한다. 이것은 세대에서 세대로 이어지는 부양 책임이라는 악순환을 초래할 수도 있다. 이런 점들을 깊이 생각해 보면 가족들이 상의해서 당신과 당신 자녀들의 미래를 불안정하게 하지 않는 방식으로 노부모에 대한 부양 책임을 분담하는 것이 필요하다는 것을 깨닫게 될 것이다. 심호흡하고 열린 마음으로 내 이야기에 귀 기울여 주기 바란다. 자신의 은퇴 계획을 망치지 않는 것과 노부모를 부양하고자 하는 아름다운 소망 사이에서 균형을 맞추는 방법에 대한 나의 제안을 염두에 두기 바란다.

자신의 은퇴 계획에 지장을 주지 않고 사랑하는 가족들을 지원하기 위한 조치 사항들은 다음과 같다.

자녀와 손주
— 재무적 책임을 분명하게 한다

— 대출에 연대보증하지 않는다
— 건전한 재무 마인드를 갖도록 지도한다

노부모

— 간병 소요 비용을 면밀하게 검토한다
— 간병을 책임지는 경우 관련 비용을 청구한다
— 간병비 지출 한도를 설정한다

자녀와 손주

성인 자녀와 손주를 돕고자 하는 욕구는 부모의 본능이다. 그러나 흔히 놓치는 것은 현재 자녀를 경제적으로 지원하는 것이 미래에 자녀에게 해가 될 수도 있다는 것을 인식하는 것이다. 가장 큰 문제는 내가 '단지'(only) 증후군이라고 부르는 것이다. 자녀의 월세 지원을 위해서는 단지 매월 100~200달러만 있으면 되고, 핸드폰 요금은 단지 20달러만 있으면 된다. 자동차 할부금 혹은 학자금 대출 상환에 드는 비용은 단지 매월 200달러 정도다. 그리고 손자들을 여름 캠프에 보내는 데 드는 비용은 단지 연간 1,000달러에 불과하다.

하지만 성인 자녀와 손주들에게 들어가는 크고 작은 비용을 모두 합산해 보면 매년 드는 '단지' 비용이 얼마인지 알고 깜짝 놀랄 것이다. 경험에 따르면 연간 최대 수천 달러에 이른다. 자녀와 손자가 여러 명 있으면 그 비용은 몇 배로 늘어나게 된다.

월세 마련에 어려움을 겪는 자녀를 내보내라는 말이 아니다. 하지만 성인 자녀의 자동차 할부금, 건강보험료, 휴대전화 요금, 심지어 휴가비까지 지원하는 것은 옳지 않다. 이런 사람들이 나에게 은퇴 계좌에 저축할 여유 자금이 없다고 말하면 뭐라고 대답하는지 아시는가? "당연히 그럴 수밖에!"라고 말한다.

자녀 지원을 위한 여러 유형의 비용에 매월 300달러를 지출하고 있다고 가정해 보자. 연간 이자율 5%로 10년 동안 매월 300달러를 저축하면 그 금액은 거의 4만 7천 달러에 이른다! 이제 자녀에 대한 지원을 줄이면 그 자금을 어디에 어떻게 사용할 수 있는지 생각해 보라. 장기요양보험 보험료? 은퇴 전 주택담보대출(margage) 완전 상환? 70세까지 국민연금 수령을 연기하여 이후 높은 연금을 받을 수 있게 하는 재원? 노후에 자녀들에게 간병 비용을 의존하지 않고 스스로 부담할 수 있도록 하는 자금? 미래의 경제적 자립이라는 관점에서 이러한 질문을 살펴보면 가족에게 제공하고자 하는 지원의 유형과 규모를 다시 생각해 보는 계기가 될 것이다.

▍재정적 책임을 분명하게 한다

가계비

앞서 이야기한 것처럼 성인 자녀가 함께 생활한다면 가계비를 부담해야 한다. 부담 정도는 당신의 결정에 달려 있다. 나는 이것이 단순히 가계비 분담(당신의 비용을 줄이는 것) 문제가 아니라는 점을 분명히 하고 싶다. 그것은 자녀를 성인으로서 존중하는 것과 관련된 문제다. 나는 매월 자녀들이 가계비 분담금을 당신의 은행 계좌로 자동 이체하도록 설정할 것을 권장한다. 이것은 단순히 선의에 맡길 일이 아니다. 가계비 분담 문제가 가족 간에 반복되는 갈등이나 분쟁 거리가 되지 않도록 해야 한다.

나의 조언에 대하여 당신은 어깨를 으쓱이며 "수즈! 나는 그럴만한 여유가 있어"라고 말할 수 있다. 하지만 다시 한번 강조한다. 대부분의 부모들은 성인 자녀를 위해 지출하는 자금 규모로 자신의 은퇴 목표를 해결할 수 있다.

신용카드 부채와 주택담보대출을 상환하고 비상 자금을 늘릴 수 있다. 만약 경제적 여유가 있다면 자녀들을 위해 여유 자금을 별도 예치해 두는 것을 생각해 볼 수 있다. 그 돈을 자녀에게 상속할지는 당신에게 달려 있다. 자녀의 개인연금 계좌 불입금, 임차보증금 혹은 긴급 자금으로 지원할 수 있을 것이다.

주택 임차료

신용카드 부채가 있거나 은퇴를 앞두고 있지만 여전히 대출을 상환해야 하는 경우라면 자녀의 월세를 지원해 줄 여력은 쉽지 않을 것이다. 지원 의향이 있다면 가급적 낮은 수준으로 설정하는 것이 좋다. 자녀가 다른 사람들과 공유하는 기숙사 혹은 작은 오피스텔을 임차한다면 지원을 고려해 볼 수도 있다. 하지만 자녀가 다른 사람과 같은 집을 쓰는 것이 싫어서 독채를 얻을 계획이라고 한다면 지원할 필요가 없다고 생각한다.

자동차 할부금

신차 구입 비용은 절대로 지원하지 말라. 렌트도 마찬가지다. 자동차가 필요하다면 가능한 한 단기에 대출을 상환할 수 있는 중고차를 구입해야 한다. 2022년도 신차 평균 할부금은 70개월간 매월 약 700달러였다. 독립해서 집을 얻고 학자금 대출을 상환하고 비상 자금 저축과 연금 납입을 시작하기 위해 지출을 최대한 줄여야 하는 상황에서 신차를 구입하는 것은, 성인 자녀는 말할 것도 없고 누구에게나 재정적으로 미친 짓이다.

의료보험료

26세 미만의 자녀는 부모의 건강보험에 피부양자로 등록[1]할 수 있다. 최근 고용주가 종업원의 의료보험료 자부담 비율을 높이고 있는 상황을 고려하면, 자녀를 피부양자로 등록하는 것은 재정적으로 좋은 의사결정이 아닐 수 있다. 소득이 있다면 최소한 자신의 보험료는 스스로 부담하도록 해야 한다. 자녀가 비록 직장에서 의료보장을 받을 자격이 없더라도 오바마 케어(Affordable Care Act)[2] 의료보장 혜택은 받을 수 있다. 젊을수록 보험료 비용은 낮으며, 이제 막 사회생활을 시작하는 사람들도 보조금을 받을 수 있다. 가족보험을 개인보험으로 전환하면 보험료가 낮아지고 연간 공제액도 낮아진다. 따라서 자녀를 피부양자에서 제외하는 것을 고려해 보라.

학자금 대출

은퇴가 멀지 않지만 여전히 부채가 남아 있다면 자녀의 학자금 대출

---

1 미국은 26세 자녀까지 부모의 직장보험에 피부양자로 가입할 수 있지만, 회사가 자녀들의 보험료까지 지불해야 하는 것은 아니다. 우리나라의 경우 자녀를 건강보험 피부양자로 등록하는 데 있어서 종합소득 2천만 원 이하이면 되고 나이 제한은 없다. 다만 피부양자인 자녀가 만 30세 이상인 경우에는 직장인 부모가 직접 국민건강보험공단에 서류를 제출하면서 '피부양자 등록'을 해야 한다. 그렇지 않으면 자녀가 지역가입자로 분류가 되어서 국민건강보험비를 내야 한다.

2 금전적으로 어려운 사람들에게는 정부가 보조금을 주고, 금전적으로 여유가 있는 사람들이 의료보험에 가입하지 않으면 페널티를 부과하여 의료보험 가입을 의무화하자는 것이 오바마 케어의 기본 골자이다.

상환을 지원하는 것은 쉽지 않다. 자신의 재무 상태를 튼실하게 하는 것이 우선이다. 아마도 대부분의 자녀는 스스로 감당할 수 있는 수준의 부채를 안고 있을 것이다. 실제로 1만 달러 이상의 연방 학자금 대출을 탕감받을 수도 있으며,[3] 이는 경제적으로 큰 도움이 된다.

자녀의 학자금 대출[4] 상환이 불가능하다고 생각된다면 지원을 고려할 수도 있을 것이다. 하지만 여기에는 일정한 원칙이 있어야 한다. 통계상으로 신규 졸업생의 학자금 대출 잔액은 입사 첫해 연봉보다 적고 10년 안에 상환할 수 있는 금액이다. 최근 평균 학자금 대출 잔액은 4만 달러 미만이다.

이것은 대부분의 졸업생은 10년 표준 상환계획에 따른 월별 상환이 가능하다는 것을 의미한다. 자녀가 주택임대료, 자동차 할부금을 포함한 전체 대출 규모가 과중해서 학자금 대출 상환이 힘들다면, 경제적 도움을 주기 전에 자녀에게 올바른 소비 규모와 패턴을 유지할 것을 약속받아야 한다. 대학원 학비 지원도 그렇다. 자신의 은퇴 생활이 위태롭게 되지 않을 것이라는 확신이 없다면 절대로 지원하지 말라. 여기에 추측이나 기대는 허용되지 않는다.

---

3 대학 학자금 탕감 정책은 바이든 대통령이 중간선거를 앞두고 발표한 정책이다. 바이든 미국 대통령은 2024년 4월 8일 학자금 대출 탕감 계획을 추가로 발표했다. 11월 대선을 앞두고 청년층과 유색인종의 표심을 겨냥한 행보라는 해석이 나온다.
4 우리나라의 대학생 국가장학금 지원 및 대출제도에 대해서는 한국장학재단(www.kosaf.go.kr)을 참조하라.

대출에 연대보증하지 않는다

부채 없는 은퇴가 재무적, 정서적 안전의 핵심이다. 이것이 바로 무엇이 당신을 위험에 빠지게 할 수 있는지에 대한 진지한 고려 없이 자녀의 대출에 연대보증하지 말라고 하는 첫 번째 이유다. 당신은 단지 연대보증일뿐 큰 문제가 아니라고 생각할 수 있다. 자동차 할부금, 학자금 대출, 모기지, 기타 개인 대출을 당신이 직접 상환해야 하는 것은 아니며, 자녀들이 어떠한 문제도 없을 것이라고 확신할 수도 있다.

과연 그럴까? 물론 당신의 자녀는 대출금을 제대로 상환하고자 모든 노력을 다하고 있을 것이다. 하지만 만약 실직하거나 다른 어떤 심각한 문제가 생기면 어떻게 될 것인가? 아마도 대출금 상환 책임이 당신에게 돌아올 것이다. 또 다른 문제는 부모가 연대보증하는 경우 대출금 규모가 증가하는 경향이 있다는 것이다. 그것은 당신 잘못도 아니고 당신이 의도한 바도 아니다. 하지만 연대보증은 종종 자녀들이 부채 상환의 어려움을 생각하지 않고 필요한 수준보다 훨씬 많은 대출을 받게 하는 관문이 된다.

건전한 재무 마인드를
갖도록 지도한다

당신이 조심스럽게 살펴봐야 할 두 가지 관계가 있다. 자녀들이 당신이 손주 관련 비용을 지원해 줄 것이라고 기대하는 것 그리고 당신과 손주와의 개인적인 금전 관계이다. 자녀부터 시작해 보자. 당신은 내가 무슨 말을 하고자 하는지 이미 알고 있을 것이다.

자녀를 돕고 싶은 마음이 있을 수 있다. 그렇다고 당신이 반드시 자녀를 지원해야 한다거나 당신에게 그럴 수 있는 능력이 있다는 의미는 아니다. 이것은 이기적인 것과는 정반대이다. 스스로를 잘 돌볼 수 있을 만큼 충분한 자금이 있는지를 확인하는 것이야말로 당신의 자녀, 심지어는 손주에게까지도 궁극적으로 도움이 되는 길이다. 이런 생각을 하는 것이 쉽지 않다는 것을 나도 잘 알고 있다. 그리고 당신은 가족은 물론이고 누군가의 기대를 실망시키고 싶지 않을 것이다. 하지만 다시 말하지만, 이것은 당신이 오직 현재에만 집중하고 있는 것을 의미한다. 미래를 내다보고 생각한다면, 오히려 자녀들은 당신이 자신의 재정을 세심하게 관리해 온 것을 큰 다행으로 생각할 것이다.

나는 가족 관계에 도움이 되는 몇 가지 원칙을 조언하고자 한다. "두려움 때문에 Yes라고 말하기보다는 사랑 때문에 No라고 말하라." 당신 자신의 재정적 자립이 오히려 자녀를 사랑하고 보호하는 것일 수 있다. 쉽지 않지만 이것이 장기적으로 자녀에 대한 사랑으로 올바른 선택을 하는 것이 된다. 나는 당신이 부모로서 자녀들에게 재정적 선택에 관한 지침을 제공할 기회를 찾길 바란다. 물론 당신이 꺼리는 일이라는 것을 알고 있다. 아마도 당신은 성인이 된 자녀에게 무엇을 어떻게 해야 하는지 훈계하고 싶지는 않을 것이다.

대학 학자금 적금(529 College Savings Program)[5]을 생각해 보자. 젊은 부모들은 자녀가 태어나자마자 대학 학자금 적금 불입을 시작하는 경우가 많다. 오해하지 말라. 어쩌면 부모들의 당연한 본능이다. 그렇지만 만약 당신에게 아직 신용카드 부채가 남아 있고, 최소 8개월분 정도의 비상 자금도 없으며, 월급의 15% 정도를 퇴직 계좌에 불입할 수 없는 상황이라면, 이것은 잘못된 조치다. 모든 일에는 우선순위가 있다.

혹시 당신의 자녀가 손주들을 위한 학자금 적금에 대한 불입 지원을 요청한다면, 먼저 자녀들이 다른 중요한 재정적 목표를 어떻게 달성하고 있는지 직접 확인해 보기 바란다. 나는 손주들에게 최선을 다하고 싶다고 말하며 학자금 적금에 기여하는 것이 가족의 재정적 최우선 순위는 아니라고 말한다. 학자금 대출에는 여러 가지 방법이 있으며, 적당한 수준의 부채를 안고서 대학을 졸업하는 방법도 많다. 하지만 은퇴 자금 대출은 없다.

이제 손주에게 주는 선물 혹은 지원금에 대해서 이야기해 보자. 나는 손주들에게 주는 가장 중요한 선물은 장난감과 도구, 상품권이 아니라 함께 공유하는 경험이라고 조언한다. 연구에 따르면, 경험을 선물하는 것이 물건을 선물하는 것보다 더 큰 행복감을 준다고 한다. 손주들과

---

[5] 비과세 혜택이 있는 미국의 대학 학자금 저축 방법이다. 저축액에는 소득공제가 없지만, 나중에 학자금으로 사용하면 저축 금액의 투자수익에 대한 세금이 면제된다.

함께 공놀이, 영화, 공연장 여행, 하이킹, 낚시 여행, 박람회나 놀이공원을 방문하는 것은 그 순간의 재미뿐만 아니라 지속적으로 공유하는 추억을 만든다. 그리고 만약 손주에게 현금을 선물로 주고 싶다면, 그 돈이 어떻게 사용되기를 바라는지 먼저 부모와 상의하는 것이 좋다.

가능한 한 아이들은 어릴 때부터 소비, 저축, 기부 3가지를 배워야 한다고 나는 믿는다. 모든 아이들은 부모나 조부모의 개입 없이 선물 받은 현금을 갖고 스스로 원하는 곳에 사용할 수 있는 자유를 가져야 한다. 그리고 아이들은 재정적 선물의 일부를 다른 사람들과 나누도록 권장되어야 한다. 어릴 적부터 자선을 삶의 일부로 심어주는 것은 그 자체로 귀중한 선물이 된다. 손자에게 현금을 주기 전에 이들의 부모인 자녀와 함께 소비, 저축, 기부 접근 방식에 대한 생각을 서로 이야기하라. 물론 그것은 당신의 돈이다. 하지만 당신은 부모가 아니다. 성인 자녀의 선택을 존중하는 것이 매우 중요하다. 이상적으로는 자녀가 이미 이러한 계획을 가지고 있는 것이다. 하지만 그렇지 않다면, 당신이 제안하고 성인 자녀의 의견을 들어 볼 수도 있다. 나는 당신 가족 모두를 행복하게 만드는 시스템을 만들 수 있다고 확신한다.

노부모

▍간병 소용 비용을 면밀하게 검토한다

수백만 명의 50~60대 성인 자녀가 연로한 노부모를 간병하고 있다. 그들 중 상당수(일반적으로 딸들)는 결국 직장을 포기하고 풀타임으로 노부모를 돌보게 된다. 당신 혹은 당신의 형제자매 중 한 사람이 이렇게 전업 돌봄을 고려하고 있다면, 우선 이에 따른 재정적 비용을 산정해 보는 것이 필요하다.

급여 손실은 분명하다. 또한 직장에 근무할 때보다도 매월 훨씬 많은 의료보험료와 자부담이 발생할 수 있다. 이렇게 되면 퇴직 계좌에 자금을 불입하는 것은 불가능하게 된다. 그리고 직장을 그만두면 국민연금 수령액도 줄어들게 될 것이다. 기혼인 경우에도 50, 60대 나이에 부부 중 한 사람만의 급여에만 의존하는 것은 위험하다. 직장을 다니는 배우자가 실직하거나 질병에 빠지지 않으리라는 보장이 없기 때문이다.

이러한 모든 것이 당신이 풀타임으로 부모님을 간병하지 못하도록 가로막지는 못할 것이다. 하지만 최소한 이러한 의사결정이 미칠 영향을 이해하고 우려되는 위험에 빠지지 않게 하는 대안이 있는지 검토해 보는 것은 중요하다.

또한 나는 많은 노부모님들이 오랫동안 살던 집에 계속 머물고 싶어 한다는 것도 잘 알고 있다. 하지만 기존 주택을 매각하고 보다 저렴한 집으로 이사하는 경우, 부모님 간병에 필요한 돌봄 비용을 충당할 수 있는지, 노인 생활 지원 시설이나 요양원 비용을 충당할 수 있는지 혹은 부모님을 당신 집으로 모시는 것이 좋은지 질문해 봐야 한다. 질문에 대한 대답이 "Yes"라면, 노부모님과 이에 대한 논의를 시작해야 한다. 물론 이것은 모든 가족에게 논리적으로나 감정적으로 매우 어려운 일일 수 있다. 그러나 일부에게는 훌륭한 솔루션이 될 수도 있다.

간병을 책임지는 경우 관련 비용을 청구한다

만약 당신이 풀타임 간병 지원을 하기로 했다면, 가능한 한 급여를 받아야 한다. 물론 당신은 사랑 때문에 부모님을 돌본다. 하지만 보상을 받아야 할 일이기도 하다. 노부모가 자신을 돌보는 자녀에게 비용을 지불할 수도 있다. 그렇지 않다면 간병하지 않는 형제자매가 경제적으로 지원해야 한다. 지원 규모는 상황에 따라 다를 수 있다. 하지만 나는 이 문제가 어떤 가족들에게는 화약통이라는 것을 모를 만큼 순진하지는 않다. 하지만 당신이 형제자매들에게 당신이 기대하는 바가 무엇인지 분명히 하는 것이 좋다. 그것은 당신에게 달려 있다. 당신이 가족과 탄탄한 관계를 맺기를 바란다. 이것은 당신의 형제자매들이 하고 싶어 하는 일이며, 해야만 하는 일이다.

당신 또는 다른 가족 구성원이 풀타임 간병하고자 하는 경우 노인 문제 전문 변호사와 협력하여 개인돌봄합의서(personal care agreement)를 작성할 것을 제안한다. 이것은 간병인에게 비용을 지불할 책임이 누구에게 있는지 명시하는 법적 문서다. 이것은 돌봄을 제공하는 가족 구성원에게 어떻게 보상할 것인지에 대하여 자세히 설명하고 기술하는 현명한 방법이다.

여기에는 돌봄을 책임지는 형제자매에게 일정한 자유시간을 부여한다는 점을 명시해야 한다. 간병을 전담하는 가족에게는 막간의 휴식을 취하거나, 친구를 만나 영화나 저녁을 함께 즐기거나, 공원을 산책하거나, 운동 강습을 받는 등 자신만의 시간과 공간을 확보할 수 있어야 한다. 이것은 협상 사안이 될 수 없다. 또한 간병인에게 최소한 2주간의 휴가를 주고, 그 기간 동안 다른 사람이 돌봄 서비스를 제공한다는 것을 합의서에 명시하는 것이 좋다.

가족들이 간병 역할을 맡은 사람에게 지불해야 하는 금액은 각자의 사정에 따라 달라질 것이다. 간병을 위해 노부모의 집으로 이사하거나 노부모가 당신의 집으로 들어오는 경우, 각각 재정적 상황에 영향을 미친다. 최소한 가족이 간병인에 대한 건강보험료를 부담하고 진료에 따른 본인부담금을 지원할 수 있어야 한다. 그리고 간병하는 가족에게 일정한 생활비와 보상을 지급해야 한다.

주택연금(역모기지, reverse mortgage) 활용한 간병비 조달

노부모가 오랫동안 살았던 집에서 계속 머물고자 한다면 주택연금은 자택에서 돌봄 서비스를 제공받는 데 필요한 수입원으로 활용될 수 있다. 역모기지가 어떻게 작동하는지에 대해서는 4장을 참조하라. 그리고 주택연금이 고려할 만한 할 선택이라고 생각되면 재무 자문가와의 상담을 통해 모든 장단점을 면밀하게 검토해 보라.

어떤 상황에서는 주택연금 수령액이 부족한 노후 수입원을 보충하는 좋은 방법이 될 수 있다. 그리고 그 과정에서 자녀들의 재정적 지원이나 돌봄 휴직 등에 따른 부담을 주지 않을 수 있다. 따라서 당신은 주택연금이 어떻게 작동하는지 그리고 노부모가 최종적으로 자택에서 이사 나오면 어떻게 되는지 확실히 이해하고 있어야 한다.

간병비
지출 한도를 설정한다

많은 성인 자녀들은 노부모에게 재정적 지원을 제공하고자 한다. 이것은 인간의 본능이다. 부모님은 당신을 키웠으며, 지금은 당신이 부모님을 도울 시점이다. 하지만 이것은 또한 당신에게 재정적으로 좋지 않은 결과를 초래할 수도 있다. 진정한 너그러움은 받는 사람과 주는 사람 모두에게 있어야 한다. 노부모를 부양하기 위해 자신의 저축과 은퇴 자금을 사용해야 하거나 퇴직 계좌에 은퇴 자금을 납입하지 못하게 되면 자신에게는 너그럽지 않은 결과를 초래하게 된다. 이미 설명했듯이 이것은 나아가 당신 자녀를 위험에 빠뜨리는 악순환이 될 수도 있다. 당신의 은퇴 자금이 고갈되면 어느 시점에 자녀들이 다시 당신을 지원해야 할 가능성이 높아지기 때문이다.

"수즈, 무슨 말인지는 알지만, 내게는 선택의 여지가 없어요"라고 말할 수 있다. 하지만 달리 보면 그렇지 않을 수 있다. 사안을 깊이 생각하고 대안을 검토해 보길 바란다. 노부모가 보다 저렴한 주택 환경으로 이사하는 것부터 시작해 보라. 노부모가 오랫동안 살던 집에 계속 머물고 싶어 할 수 있다는 것을 잘 알고 있다. 당신도 그렇게 하기를 원할 수도 있다. 하지만 그로 인해 치러야 하는 대가를 생각해 보라.

아직 일하고 있다면 은퇴 계좌 불입을 줄여서는 안 된다. 그리고 이것은 노부모를 부양해야 한다면 성인 자녀에 대한 재정적 지원을 줄여야 한다. 그래야 은퇴를 대비한 재정적 목표를 달성할 수 있다. 자녀들은 일할 수 있고, 생활 속에서 다양한 지출 옵션을 선택할 수 있고, 상황에 대처하고 조정할 힘이 있다. 하지만 당신의 노부모는 그렇지 못하기 때문이다.

물론 두 가지를 모두 할 수 있는 재원이 있으면 좋다. 하지만 나의 임무는 당신의 은퇴 생활에 큰 차질 없이 노부모를 지원할 방법에 대한 진실의 문 앞에 설 수 있도록 돕는 것이다. 노부모를 지원하기 위한 자금이 필요하다면 성인 자녀에 대한 지원을 축소하는 것이 올바른 조치다.

▍진정한 사랑과 너그러움이
▍가족 지원에 대한 지침이 되도록 하라

 사랑하는 가족을 지원하고자 하는 것은 너무나 자연스러운 일이다. 우리 모두 잘 알고 있다. 이러한 마음은 우리들의 정체성과 밀접하게 연관되어 있다. 잘 안다. 하지만 나는 당신에게 가족에 대한 지원을 다시 한번 생각해 보고 재조정하라고 조언한다. 이미 이야기한 바와 같이 선물은 받는 사람에게 너그러울 뿐만 아니라 주는 사람에게도 너그러워야 한다. 당신이 사랑하는 가족에게 재정적 지원을 제공함으로써 자신의 은퇴 목표 달성이 어렵게 된다면, 이것은 당신 자신에게는 너그럽지 않은 의사결정이 된다.

 나는 당신이 이 책을 읽으면서 이러한 가능성과 위험을 깊이 생각해 보기 바란다. 현재로서는 돈이 없어서 가족을 지원할 수 있는 여력이 없다고 생각할 수도 있다. 그러나 당신에게 여력이 생길 때도, 어떻게 하면 적절한 수준으로 가족에 대한 지원과 당신 자신의 안전한 은퇴 사이의 균형을 유지할 수 있을 것인지 생각해 보라. 당신이 자신의 은퇴를 잘 준비한다면 은퇴 이후 자녀나 손주들에게 의존하지 않아도 되고, 이로 인해 가족 모두가 안심하고 기뻐할 수 있다.

KFP Note

한국의 베이비붐 세대를 '부모를 모시는 마지막 세대이자 자식에게 버림받는 첫 세대'라는 이야기가 회자된 적이 있다. 어느 정도 공감이 된다. 하지만 최근 트렌드를 반영해 본다면 역자는 감히 베이비붐 세대를 '부모를 모시는 마지막 세대이자 자식까지 돌봐야 하는 첫 세대'라고 말하고 싶다. 퇴직을 앞두고 있거나 이미 퇴직을 한 사람들은 자녀 결혼자금 정도 말고는 앞으로 어떤 일들이 벌어지게 될 것인지 구체적으로 생각해 보지 못하는 경우가 많다. 하지만 현재의 생활비 수준을 지출해야 하고 자녀와 손주, 더 나아가서 부모의 간병비까지 부담해야 하는 상황에 놓이게 된다면 은퇴는 즐거움이 아니라 거대한 돌덩이를 등에 지고 살아야 하는 시기가 될 수도 있다. 은퇴 설계에 있어서 특히 유념해야 할 것은 자신의 경제적 안정성을 최우선으로 해야 한다는 것이다. 그래야 가족을 도울 수도 있고 무언가 계획을 세울 수도 있다. 사랑한다는 이유로, 가족이라는 이유로 은퇴 생활에 접어들었음에도 불구하고 모든 것을 예전의 생각대로 지원하려고 한다면, 보증을 잘못 서서 문제가 생기는 것처럼 다 잃어버릴 수 있다. 젊었을 때야 회복할 수 있는 시간이 있겠지만, 은퇴 이후에는 회복할 수 있는 시간이 부족하다. 경우에 따라서는 불가능할 수도 있다. 수즈는 가족 지원에 있어서 균형을 강조하고 있다. 이러한 균형은 어쩌면 노후 준비의 첫 번째 시험대가 될 수도 있다.

✔ 은퇴 체크 리스트

- 자녀, 손주, 노부모에 대한 경제적 지원 필요성을 면밀하게 검토한다. 경제적 도움이 반드시 필요한 것인지, 아니면 단지 있으면 좋은 것인지 구별해 본다.
- 보다 많은 자금이 투입되어야 하는 자신의 개인적 재무 목표를 나열해 본다.
- 가족에 대한 지원 축소를 통해 안전한 은퇴 생활 그리고 노후에 당신이 가족의 지원을 받지 않아도 되는 상황을 어떻게 만들 수 있는지 생각해 본다.
- 사랑하기 때문에 "No"라고 말하라. 두려움 때문에 "Yes"라고 말하지 않는다.
- 자녀와 손주가 경제적으로 자립할 수 있도록 지도한다.
- 은퇴 안전을 해치지 않는 범위 내에서 노부모님을 간병하는 방안을 모색한다.

3장

현업으로 일할 때
최대한 저축하라

아직 현업으로 일하고 있다면 소득이 있으므로 돈 걱정 없는 은퇴를 달성할 수 있는 좋은 위치에 있다. 대부분의 사람들이 저축 규모를 늘리고자 한다. 하지만 어떤 비용을 절약해야 추가 저축 재원을 확보할 수 있는지 어려워 한다. 해결책은 정말 쉽다. 과도한 지출을 줄이면 된다. 나는 이 장에서 당신이 얼마나 필요 이상의 과소비를 하고 있는지 보여주고자 한다. 이번 장을 통해서 소비 형태를 어떻게 바꾸면 은퇴 목표 달성에 필요한 자금을 확보할 수 있는지 생각해 볼 수 있는 계기가 되길 바란다.

당신은 은퇴를 대비하여 보다 많은 자금을 저축하고자 한다. 하지만 은퇴 전에 부채를 상환하는 것이 더 중요하다. 4장에서는 은퇴 후에도 기존 주택에서 거주하고자 한다면 왜 은퇴 전에 주택담보대출을 완전 상환을 해야 하는지를 자세히 설명한다. 하지만 상당수 사람들은 주택대출 외에도 신용카드 부채와 자동차 할부금도 남아 있을 수 있다. 부채를 안고서는 편안한 은퇴 생활이 어렵다. 매달 부채 상환을 위해 은퇴 소득의 상당 부분을 지출해야 한다면 상황은 쉽지 않다. 이번 장에서는 소득 범위 내에서 필요 수준 내에서 생활하는 방법을 탐구하고자 한다. 혹시 일종의 징벌처럼 느껴지는가? 그렇지 않다. 소득에 걸맞게 생활하면 재무 목표 달성을 위한 자금을 보다 많이 확보할 수 있으며, 은퇴 생활도 보다 편안할 것이다. 매월 지출을 500달러 또는 1,000달러 줄이면 은퇴 후 매월 500달러 또는 1,000달러를 더 벌어야 할 필요가 없다.

당신에게 아직 남아 있는 현업 근무 기간은 현명한 은퇴 옵션을 모색할 수 있는 시기다. 나는 여러분 중 많은 사람들이 은퇴하고 일을 중단할 생각이 없다는 것을 알고 있다. 그리고 그것은 훌륭한 전략이다. 나도 최소한 70세까지 일할 생각이다. 하지만 항상 계획에는 위험이 따른다. 당신이 원하지 않지만 회사가 당신을 밀어낼 수도 있다는 것을 염두에 두어야 한다. 또한 아직 건강에 문제가 없는 50, 60대라면 장기요양보험 가입을 진지하게 검토해 보기 바란다. 보험료가 인상될 수 있지만, 노후 간병에 상당한 자금을 지출할 가능성으로부터 자신과 사랑하는 가족을 보호할 수 있는 비용 효율적인 방법이 될 수 있다.

현업으로 일하는 동안 취해야 할 조치
— 은퇴 전 부채 상환을 최우선 과제로 한다.
— 소득 범위 내에서 생활하는 것을 습관화한다.
— 적절한 은퇴 계좌를 선택하여 저축을 최대화한다.
— 오랫동안 현업으로 일할 수 있는 방안을 강구한다.
— 장기요양보험 가입을 고려한다.

은퇴 전 부채 상환을
최우선 과제로 생각한다

"무엇이 재정적 안정감을 가져다 주는가"라는 질문에 대하여 10명 중 9명은 "부채가 없는 것"이라고 대답한다. 전적으로 동의한다. 은퇴 시에는 더욱 그렇다. 은퇴 시에도 모기지를 안고 있으며, 고금리 신용카드 부채, 자동차 대출이 남아 있다면 여전히 상환하고 감당해야 하는 금액이 많아 은퇴 재무에 커다란 압박 요인이 된다. 당신은 모든 부채를 상환할 수 있을지에 대해 회의적일 수도 있다. 부채를 상환하고 싶지 않은 것이 아니라 구체적인 실현 방안을 찾지 못하고 있을 수 있다. 1장에서 전사의 마음가짐에 관해 말한 것을 기억하라. 스스로를 신뢰한다면 모든 것이 가능하다. 부정적인 생각을 멈추도록 하라. 내면의 전사를 소환하고 자신의 소비 행태를 새로운 관점으로 살펴볼 준비가 되어 있다면, 부채 문제를 확실히 해결할 수 있다.

소득 범위 내에서
생활하는 것을 습관화한다

어떻게 해야 부채에서 자유로워질 수 있는가? 간단하다. 소득 범위 내에서 그리고 필요한 범위 내에서 생활하는 사고방식을 채택하면 된다. 자신에게 솔직하다면, 종종 자신이 필요 이상의 욕구에 돈을 쓰고 있다는 것을 알고 있을 것이다. 자동차로 예를 들어 한가지 질문을 해보자. 당신은 실제로 자동차에 그만큼의 돈을 투자할 필요가 있었는가? 아니면 더 저렴한 옵션이 있었음에도 무리하게 많은 돈을 쓰지 않았는가? 혹시 이 질문이 좋아하지 않는 채소를 억지로 먹으라고 강요하는 것처럼 들리는가? 글쎄, 나는 당신에게 그러한 사고방식을 바꾸기를 요청한다. 이러한 접근 방식이 당신을 우울하게 하거나 부담스럽게 한다고 느껴서는 안 된다. 자신의 소득 범위 내에서 생활하면 재정적 자유를 누릴 기회를 갖게 된다. 무엇이 당신을 흥분시키는가? 큰 규모의 부채 상환 때문에 짓눌리지 않고 자신이 원하는 삶을 살아가는 데 필요한 돈을 은퇴 후에도 확보할 수 있는 능력이다.

My Story

나와 KT는 필요한 수준보다 넉넉한 자산을 보유하는 축복을 받았다. 물론 우리도 돈을 쓴다. 하지만 우리는 소비보다는 저축에서 더 큰 즐거움을 얻고 분수에 맞게 생활하는 것을 즐긴다는 점에서 특별한 유대감을 갖고 있다.

우리가 비용을 절약하는 방법 몇 가지는 이렇다. 플로리다 집에는 비즈니스 전화, 팩스 그리고 몇 대의 유선 전화가 있었다. 우리는 그 모든 회선을 해지하고 핸드폰 하나로 잘 지내고 있다. 팩스로 보내던 비즈니스 서신은 이메일로 보낸다. 이렇게 해서 우리는 연간 약 1,000달러를 절감할 수 있었다. 우리는 자동차를 10년 동안 타고 다닌다. 화재보험과 자동차보험을 같은 보험 회사에 가입해서 연간 수백 달러를 절약한다. 또한 개인신용등급을 높게 유지해서 자동차 보험료를 낮춘다.

그리고 우리는 무료 반품이 가능한 온라인 쇼핑을 이용한다. 그렇게 하면 반품이 필요한 경우 비용이 전혀 들지 않는다. 우리는 캐시백을 제공하는 신용카드를 사용하고, 특별 혜택이 언제 제공되는지 모니터링한다. 이렇게 해서 우리는 1년에 상당한 돈을 돌려받는다.

우리는 쇼핑 목록 없이는 마트에 절대 가지 않고, 목록에 있는 것만 구매한다. 그렇게 하면 계획했던 지출보다 더 많은 돈이 나가지 않게 된다. 그리고 항상 쿠폰을 확인하여 목록에 있는 품목이 세일하고 있는지 확인한다.

우리는 선물을 구매하지 않는다. 우리는 직접 만든 선물만 주고받는다. 나는 이러한 소비 행태가 고통스럽거나 어려운 것이 아니라는 증거로 우리의 사례를 공유한다. 이러한 모든 소비 결정은 어렵지 않았고, 하나하나가 우리에게 기쁨을 안겨주었다. 나는 당신도 똑같이 할 수 있고, 가계 지출을 줄이는 더 많은 방법을 찾을 수도 있을 것이라고 확신한다.

지출을 줄이는 것이 유선 전화를 끊는 것만큼 쉽지는 않다. 그러나 이것은 안전한 은퇴라는 귀중한 보상이 따르는 도전이기도 하다. 이를 계기로 삼아 주요한 지출 항목 중 일부를 새로운 관점으로 살펴보길 바란다.

자녀 학자금

아직 고등학생 자녀가 있는 사람들은 자녀의 대학 선택이 당신의 은퇴 생활을 좌우할 수도 있다는 점을 명심해야 한다. 은퇴 자금이 부족함에도 자녀의 대학 등록금을 모두 부담하는 것은 좋은 선택이 아니다. 그렇다. 올바르게 읽었다. 당신의 모든 돈은 은퇴 자금으로 집중되어야 한다. 내 말을 믿어 보라. 오랜 시간이 지난 후 자녀들은 부모들이 자신의 은퇴 준비를 우선시했던 의사결정에 대해 감사하게 될 것이다. 18세쯤에는 그다지 감사하지 않을 수 있다. 하지만 10, 15, 20년 후 자녀들이 결혼하고 가족을 이루었을 때는 부모인 당신이 자녀에게 재정적 의존을 하지 않는다는 것에 대해 크게 안도할 것이다. 이 점을 진지하게 고려하기 바란다. 자녀의 대학 등록금보다 당신의 은퇴 저축이 우선되어야 한다. 당신은 자녀와의 대화를 통해 자녀에 대한 생활비 지원을 제외한 순수 등록금을 연방 학자금 대출로 충당할 수 있을 만큼 학비가 낮은 대학을 선택할 수 있다. 연방 학자금 대출은 이자가 낮고 안전하다.[1]

앞 장에서 이야기했지만, 나는 성인 자녀에게 대한 재정적 지원이 정말로 필요한지 깊이 검토해 볼 것을 권고한다. 그리고 당신의 은퇴 안전을 다시 검토해 보길 바란다.

---

[1] 우리나라의 경우 교육부와 한국장학재단이 지원하는 2024학년도 1학기 대학생 학자금 대출 금리는 연 1.7%다. 이것은 예금은행 평균 가계대출 금리인 4.97%보다 3.27% 낮은 수준이다.

자동차

당신이 자동차 할부금 상환 스트레스로 인해 차고나 주택 진입로에 넋을 놓고 앉아 있을지도 모른다. 2022년 하반기 신차 월평균 할부금은 약 700달러였다. 그리고 일반적인 할부 기간은 6년이다. 이 정도 규모의 지출을 하면서 은퇴 자금 확보 투쟁을 성공적으로 방어하기는 어렵다. 자동차가 필요한 경우, 당신의 목표는 신뢰할 수 있는 자동차에 최소의 비용을 사용하는 것이다. 이것은 신차가 아니라 중고차를 운행하는 것을 의미한다. 오늘날 대부분의 자동차는 내구성이 보장된다. 자동차의 신뢰성을 의심할 필요는 없다.

대출이 필요하다면 36개월 이내의 기간으로 약정하는 것이 좋다. 할부 기간이 3년을 넘는다면 당신이 감당할 수 없는 자동차를 구입하는 것이다. "하지만 대출 기간이 짧으면 매월 부담해야 하는 할부금이 많아!"라고 말할 수 있다. 하지만 분명한 진실은 대출 기간이 짧을수록 장기적으로 이자 지출이 줄어든다는 것이다. 감가상각 자산의 할부금은 조기상환할수록 전체 이자는 줄고, 은퇴 저축을 포함하여 다른 재무 목표에 투입할 수 있는 현금흐름이 빨라진다.

현명한 조치는 출고한 지 몇 년 되지 않은 중고차를 구입하는 것이다. 대리점에서 인증된 중고 거래를 검색해 보라. 여전히 좋은 상태를 유지하고 있지만 동일 모델의 신차보다 40% 이상 저렴할 수 있다. 그리고 그 차를 적어도 10년은 더 운행하는 것을 목표로 하라. 3~4년마다 자동차를 바꾸는 것은 미친 짓이다. 당신의 목표는 최대한 빨리 대출금을 상환하고 오랜 기간 할부금 없이 자동차를 운행하는 것이다. 대신 그 돈을 가지고 다른 부채를 상환하거나 은퇴 자금을 추가 저축하는 데 사용할 수 있다.

예를 들어 할부금 525달러의 중고차를 구입했다고 가정해 보자. 할부금을 모두 상환한 후에는 대출 없이 계속 차를 운전하면서 매월 525달러를 은퇴 계좌에 불입하는 경우, 연간 수익률을 5%로 가정하면 6년 동안 4만 4천 달러를 저축할 수 있다. 그 4만 4천 달러는 향후 10년 동안 계속 증식하여 7만 달러 이상이 된다. 이것은 당신의 선택이다. 고리의 신차 자동차 대출을 받을 것인가, 은퇴 계좌의 자금을 불릴 것인가?

혹시 렌터카를 이용하고 싶다면 내 말을 들어 보라. 올바른 선택이 아니다. 일반적으로 매월의 렌트비가 대출 상환액보다 낮으므로 자동차를 리스하는 경우가 많다. 단기적으로는 유혹적일 수 있지만, 장기적으로는 비용이 더 많이 든다. 렌트는 재무적 함정이다. 일반적인 자동차 리스 기간은 3년이며, 리스 기간이 끝나면 차량을 반납하고 다른 차량을 리스하게 된다. 즉, 자동차 대출 할부금을 상환하는 것이 아니다. 은퇴를 대비한 추가 저축, 모기지 상환, 신용카드 청구서 절감 등 다른 재정적 목표가 있는 경우, 재정적으로 자동차 리스는 정당화될 수 없다.

주거비

주거비용이 월 현금흐름의 큰 부분을 차지한다는 점은 말할 필요가 없다. 4장에서는 은퇴 계획을 굳건하게 할 수 있는 여러 가지 거주지 이동 관련 문제를 다룬다. 여기에서의 목표는 씨앗을 심는 것이다. 이사를 하면 은퇴 전망이 어떻게 바뀔 수 있을까?

나는 상당수 사람들이 오랫동안 살던 집에 계속 머무르고 싶어 한다는 것을 잘 알고 있다. 오랜 기간 집은 당신 가족의 뿌리였고 좋은 추억을 간직한 곳이다. 그래서 이사를 검토해야 하는 경우, 마음이 서글퍼질 수도 있다. 하지만 열린 마음으로 현실을 생각해 보길 바란다. 당신과 당신 가족의 좋은 추억은 집으로 초대했던 사람들 그리고 그곳에서 일어난 경험에 관한 것이다. 하지만 이사를 하면서도 사랑하는 사람들과 추억을 공유할 수 있다.

나 자신도 하지 않는 일을 당신에게 강요하는 것이 아니다. 나와 KT는 나이가 들어가면서 주택 규모를 줄여야 할 때가 되었다고 생각했지만, 샌프란시스코에 있는 집을 매각하면 그 집을 정말 그리워할 것이라고 느꼈다. 하지만 우리는 자산 재조정이 재무적으로 가장 현명한 좋은 조치라고 판단해서 매각했다. 우리는 아무것도 잃지 않았다. 여유 자금이 생겼고 원격 자산 관리도 가능했다. 지금 우리는 동부 해변에서의 삶을 사랑한다.

주택 규모 축소를 적극적으로 고려하고 있다면, 가까운 시기에 이주하는 것도 생각해 보라고 말하고 싶다. 저렴한 주택으로 이사하면 은퇴 생활에 필요한 적지 않은 규모의 자금을 확보할 수 있다. 주택 매각을 통해 확보한 소득을 은퇴 계좌에 추가 불입할 수도 있다. 또한 월세 혹은 주택담보대출 이자, 재산세, 보험, 유지관리 수선비 등 주택 소유와 관련된 부가적인 비용도 줄일 수 있다. 이것은 은퇴 계좌에 더 많은 돈을 저축할 수 있는 여력을 만든다.

주거비용을 줄이면 노후에 소득은 줄어들지만, 당신이 좋아하는 일 혹은 덜 힘든 직업으로 전직하는 것을 쉽게 만들 수도 있다. 그러면 소득은 줄겠지만, 더 많은 즐거움을 누릴 수 있다. 나중에 설명하겠지만, 이것이 70세까지 일하고자 할 수 있도록 하는 중요한 요소가 된다. 조금이라도 젊을 때 이사하는 것이 70대 이후에 이사하는 것보다 감정적으로나 육체적으로나 스트레스를 훨씬 덜 받게 될 것이다.

물론 이것은 중요한 의사결정이다. 당신에게 말하고자 하는 바는 이것을 선택 사항에서 제외하지는 말라는 것이다. 열린 마음을 가지고 비용을 계산해 보면 주거지 이동이 은퇴 공백을 줄이는 데 얼마나 큰 도움이 될 수 있는지 놀랄 것이다. 이 모든 것을 염두에 두면 당신의 미래가 당신이 살고 싶어 하는 미래로 바뀔 수도 있다.

적절한 은퇴 계좌를 선택하여 저축을 최대화한다

아직 일하고 있다면 퇴직 계좌에 보다 많은 돈을 저축하는 것을 우선 순위로 해야 한다. 우선 퇴직 계좌에 무엇을 저축할 수 있는지 검토하고, 다음으로 어떤 퇴직 계좌가 가장 적합한지 살펴보자.

2023년 현재 미국의 50세 이상의 401(k) 또는 403(b)[2]의 비과세 불입금 한도는 3만 달러다. 그리고 추가로 개인 퇴직 계좌에 7천 5백 달러를 불입할 수 있다(한도는 인플레이션에 맞춰 조정된다). 그리고 일반 과세 계정에는 항상 추가 자금을 저축할 수 있다.

그리고 은퇴 후 전통적 개인 퇴직 계좌(IRA)에서 자금을 인출하면 일반 소득으로 과세된다. 또한 연방정부는 특정 연령에 도달하는 경우 퇴직 계좌에서 매년 일정 금액을 인출할 것을 요구하는데, 이것을 필수 최소 인출금(RMD, required minimum distribution)[3]이라고 한다. 1951년에서 1959년 사이에 출생한 사람의 RMD 연령은 73세이고, 1960년 이후에 태어난 사람은 75세부터 시작된다. 연금을 받는 경우 연금소득에도 소득세가 부과된다. 사회보장(국민) 연금의 일부에도 세금이 부과될 수 있다. 그리고 소득이 높은 경우에는 더 높은 메디케어 파트 B 보험료[4]를 지불해야 할 수도 있다.

나는 여러분이 은퇴 시 소득세를 전혀 내지 않고 인출할 수 있는 은퇴 계좌를 선택하여 저축할 것을 조언한다. 수십 년 동안 전통적인 401(k)

---

2 401(k)는 민간기업, 403(b)는 학교, 정부기관, 비영리단체 종사자를 퇴직연금이다. 우리나라의 경우 연금 계좌의 세액공제를 받기 위해 납입할 수 있는 최대 금액은 900만 원까지이고 연금저축이나 IRP 계좌에 납입할 수 있는 한도는 연 1,800만 원까지다. IRP 계좌에서 연금 수령 시 운용수익이 저율의 연금소득세(3.3~5.5%)로 과세되므로 일반 금융상품(15.4%)보다 세제상 유리하다.
3 우리나라에는 은퇴 후 연금소득에 대한 최소 인출 규정이 없다.
4 미국 노인 의료·요양 제도의 양 축은 메디케어(Medicare)와 메디케이드(Medicaid)이다. 메디케어는 65세 이상과 장애인을 위한 연방정부의 공공 의료보험이고, 메디케이드는 저소득층을 위한 의료 급여를 제공하는 연방정부와 주정부의 공적 부조 제도이다. 메디케어 파트 A는 병원 비용 및 입원 후 전문 간호 시설 서비스와 추가 일부 기타 전문 진료를 커버한다. 병원 비용의 80%를 보조받지만 20%는 본인 부담이다. 파트 B는 의사 진료실 방문 및 병원 입원이 필요하지 않은 기타 의료 서비스를 보장한다.

또는 IRA에 돈을 저축해 왔다면, 이것은 아주 큰 의미가 있다. 현시점을 기준으로 현재 은퇴 시 세금을 내지 않는 비과세 저축 계좌에는 Roth 401(k), Roth IRA, Roth SEP-IRA, HAS,[5] 4가지가 있다. 나는 당신이 각각에 대하여 면밀하게 검토하여 당신에게 가장 적합한 것이 무엇인지 의사결정할 수 있기를 바란다.

▍현업으로 오랫동안 일할 수 있는 방안을 강구한다

미국의 경우, 대부분의 사람들이 65세쯤 은퇴하는 것을 꿈꾼다. 하지만 60대에 은퇴하는 것이 유일한 선택지는 아니다. 오늘날 65세는 새로운 55세다. 아직 젊다! 그리고 당신도 아직은 늙었다고 생각하지 않으며, 여전히 어디엔가 쓸모가 있고, 기여하고 싶어 한다. 그렇다면 현업으로 더 일하는 것은 어떤가? 당초 목표를 조정하고 70세 이후에 은퇴할 계획을 세울 수 있을까?

---

[5] Roth IRA는 자신이 넣은 원금에 한해서 페널티 없이 인출할 수 있으며, 59.5세가 넘으면 소득세 없이 인출할 수 있다. 현재 수입은 많지만 은퇴 후 수입이 적을 것으로 예상되는 경우, Traditional IRA에 가입하면 세율이 높을 때 세금을 내지 않고 나중에 인출할 때는 낮은 세율로 세금을 내게 되므로 유리하다. 반면 Roth IRA는 은퇴 후의 소득이 높을 것으로 예상되는 경우 일반 IRA보다 유리하다. 하지만 두 플랜 중 어떤 플랜을 활용하는 것이 유리한지 여부는 나이와 소득, 기타 과세 혜택 플랜 참여 등 각자의 상황에 따라 다를 수 있음으로 자신의 상황을 면밀히 검토한 후 결정해야 한다. SEP은 자영업자를 위한 퇴직연금, HSA(Health Savings Account)는 납입금에 대해 세금 혜택이 있고, 투자 이익도 면세 대상이며, 허용된 의료비용을 지불하는 데 쓸 수 있어서 세금 우대 저축 수단이다.

그렇다. 나는 당신이 70세가 될 때까지 일할 계획을 세울 것을 권장한다. 아마도 높은 지위를 보장받고 엄청난 노력과 열정이 요구되는 일자리는 기회가 없을 수도 있다. 하지만 어느 정도 수입이 들어오는 직업에서 일할 수는 있다. 간단하다. 오래 일할수록 은퇴 자금을 추가할 수 있고, 월급을 받는 기간이 길어질수록 주택담보대출 상환금 부담은 줄어든다.

62세 또는 그 이전에 은퇴하고 90대까지 생존한다면 현업에서 보낸 기간만큼이나 은퇴 기간을 보내야 한다. 은퇴 자금만으로 생활하기에는 너무나 긴 시간이다. 그리고 70세까지 일한다고 해도 완전 은퇴를 즐길 수 있는 기간은 여전히 충분하다. 또한 70세까지 계속 일하면 사회보장연금 수령을 연기하여 이후에 더 많은 금액으로 연금을 받을 수도 있다.

5장에서는 사회보장연금 수령을 70세까지 연기하는 것이 대부분의 사람들에게 최고의 재정적 결정이라고 하는 이유에 대하여 자세히 설명한다. 이제 60, 70대에도 계속 일할 수 있는 가능성을 높이기 위해 지금 취할 수 있는 조치를 살펴보자.

업무 역량을 유지한다

트랜스아메리카 은퇴연구센터에 따르면 은퇴를 앞둔 대부분의 사람들은 더 오래 일하고 싶어 한다. 그러나 같은 설문 조사에 따르면 50대 직장인의 대부분은 역량 개발을 위해서 노력하지 않는 것으로 나타났다. 이 글을 쓰고 있는 2023년 초 미국 경제는 회복되고 있다. 하지만 항상 경기침체는 경기 사이클의 일부다. 만약 본격적 불황에 빠지게 된다면 구조조정은 심화될 가능성이 크다. 만약 당신이 나이 들었고 그냥저냥 적당히 일하고 있다면, 해고의 표적이 되기 쉽다.

나는 고용 시장에 있어서의 연령 차별을 옹호할 생각은 추호도 없다. 하지만 당신의 사업주가 연령 차별이라는 손쉬운 함정에 빠지지 않도록 준비해야 한다. 만약 당신이 직장에서 흘러간 왕년의 록스타라고 인식된다면 해고 대상 목록 상위에 오를 위험이 있다.

해고 당해도 해당 분야의 기술 동향을 파악하고 있고 최신 기술을 활용하여 업무를 수행할 수 있다면 재취업은 어렵지 않다. 따라잡을 방법은 너무나 많다. 자신의 기술과 역량이 노후화되었다면 자신의 일정에 따라 온라인 강의에 등록하여 학습을 멈추지 말라. 유데미, 코세라[6]와 같은 온라인 학습 사이트를 검색해 보라. 대면 학습을 원한다면 지역대학의 평생교육센터 등의 수업을 찾아보라.

커리어 연착륙을 준비한다

지금 일하고 있는 직장에서 60대까지 열정을 다해 일할 계획이라면 좋은 생각이다. 하지만 앞서 말한 내용을 염두에 두어야 한다. 저절로 되는 일이란 없다. 내가 생각하기에는 상당수의 60대 사람들이 필요로

---

[6] www.udemy.com; www.cousera.com

하고 원하는 것은 사회보장연금 수령을 최대한 연기하고 은퇴 계좌에서 자금을 뽑아 쓰는 것을 늦춤(또는 최소한의 금액만 인출할 수 있는) 충분한 소득을 얻을 수 있도록 계속 일하는 것이다.

수십 년 동안 현업으로 일하면서 충분한 은퇴 자금을 마련했다면 60대는 더 이상 돈을 벌지 않아도 되는 10년이 될 수도 있다. 하지만 60대 나이의 최대 10년 동안 모아둔 은퇴 자금을 인출하지 않아도 된다면 더욱 좋다. 당신이 그렇게 할 수 있는 상황이고, 그렇게 하고 싶은 생각이 있다면 60대에는 좀 더 쉬운 업무나 직업으로 전환하거나, 어쩌면 현재 직장에서 유연 근무를 선택할 수도 있다. 아니면 자신의 전문 분야에서 컨설팅 업무로 전환하거나 창업할 수 있을 것이다.

만약 당신이 60대에 이렇게 하고자 한다면, 55세가 될 때까지는 어떻게 전환을 준비할 것인지 진지하게 생각해 보길 바란다. 강의를 듣거나 자격증을 취득해야 할 수도 있다. 아니면 당신이 하고자 하는 일을 하고 있는 사람들을 찾아서 자문을 구하거나 자원봉사 혹은 인턴으로 그 일을 경험할 수도 있다. 핵심은 60대의 어느 날 갑자기 시작해서 몇 주 안에 유연하게 전환하는 것이 불가능하다는 것이다. 전환을 위해서는 신중한 사전 검토와 실험, 준비가 필요하다.

장기요양보험 가입을
검토한다

은퇴 계획의 가장 어려운 측면 중 하나는 80세, 85세, 90세 및 그 이후 자신의 건강이 어떻게 될지 예측하는 것이 쉽지 않다는 점이다. 또한 지금 20~30세인 당신의 자녀가 언젠가 50~60세가 되어 연로한 당신을 돌봐야 하는 상황을 상상하고 싶지 않을 것이다. 그런 경우 식사, 목욕, 화장실 사용, 옷 입기 등 일상적인 생활에 도움이 필요한 시점에 소요될 것으로 예상되는 비용을 사전에 준비하여 자녀에게 의존하지 않을 수 있다. 그리고 어느 시점에 살던 집에 계속 거주하면서 주간 방문 요양을 받아야 할 수도 있고 또 어느 시점에는 노인 생활 보조 시설이나 요양원에 입소해야 할 수도 있다.

생각하고 싶지 않겠지만, 치매, 알츠하이머, 뇌졸중 또는 다른 각종 노화 관련 질병을 대비하여 안전하고 만족할 수 있는 지원과 자원이 필요한 경우, 50대는 자신과 당신의 자녀가 마음의 평화를 얻을 수 있도록 하는 여러 가지 조치를 취할 수 있는 시기다.

당신이 목표로 하는 바가 자녀들의 직접적 돌봄이나 재정적 지원을 받을 필요가 없도록 준비하는 것이라면, 간병 서비스를 받을 수 있는 비용을 준비해야 한다. 미국의 경우 재가 요양 간병 혹은 노인 생활 보조 시설에서 독실을 사용하는 경우 월 평균 비용은 약 5천 달러다. 젠워스의 조사에 따르면, 요양원에서 거주하는 경우 2인실의 월 평균 비용은 2021년 7,900달러였으며 1인실의 경우 9,000달러 이상이었다. 이 비용은 수년에 걸쳐 계속 증가 추세에 있다.

메디케어는 장기 요양 비용을 지원하지 않는다. 노인 생활 지원 시설에 입소하는 경우, 메디케어는 의료비만 지원하고 숙소비와 식비는 지원하지 않는다. 또한 요양원 장기 입원 비용도 보장하지 않는다. 2023년 현재 전문 요양원에 입소한 처음 20일은 메디케어에서 비용을 지원하지만, 21일부터 100일까지는 1일 본인부담금이 200달러이고, 100일 이후에는 모든 비용을 100% 자부담해야 한다. 50대는 이러한 현실을 직시하고 돌봄이 필요할 경우 당신과 당신 가족이 이에 대비할 재정 계획을 수립할 적절한 시기다. 노후 요양 비용 전망으로 인해 크게 걱정된다면, 장기요양보험 가입을 적극적으로 검토해 보시기 바란다.

장기요양보험[7]

수년 전 장기요양보험에 가입한 많은 사람들은 급격한 보험료 인상을 경험해야 했다. 연간 보험료가 두 배 이상 증가했다. 그럼에도 왜 장기요양보험을 추천할까? 지금 보험에 가입하고 나중에 광범위한 진료가 필요하게 되어 1~2년의 기간에 걸쳐서 받게 될 보험 혜택이 당신이 30년 동안 지불한 총보험료보다 클 가능성이 높기 때문이다. 그리고 최

---

[7] 우리나라의 노인장기요양보험제도는 건강보험제도와는 별개의 제도로 도입·운영된다. 하지만 제도 운영의 효율성을 도모하기 위하여 보험자 및 관리 운영 기관을 국민건강보험공단으로 일원화하고 있다. 또한 국고 지원이 가미된 사회보험 방식을 채택하고 있고 수급 대상자에는 65세 미만의 장애인이 제외되어 노인을 중심으로 운영되고 있다. 이 책에서의 장기요양보험은 미국의 민간보험을 의미한다.

근 보험에 가입한 사람들이 보험료 급등을 겪게 될 가능성은 거의 없다.

이전의 장기요양보험 가입자에게 일어난 일은 장기요양보험 도입 초기에 보험 업계가 보험료 산정을 잘못한 까닭이다. 돌이켜보면 보험 회사들은 몇 년 후 직면하게 될 실제 의료비 및 요양 비용을 충당하기에는 보험료를 너무 낮게 설정했었다. 또 원인 중 하나는 지난 10년 동안 보험 회사들도 안전한 투자로는 수익을 얻기 어려웠다는 것이다. 아시다시피 보험 회사가 임의로 보험료 인상을 결정할 수는 없다. 그들은 주정부에 보험료 인상 허가를 청원하고 납입 보험료를 훨씬 초과하는 보험 비용이 발생하고 있음을 입증해야 한다. 지난 10여 년간 상당수 보험 회사들이 장기요양보험료를 인상할 수 있는 허가를 받았다. 많은 초기 보험 가입자들이 보험료 인상으로 인해 재정적 어려움을 겪고 있지만, 앞서 말했듯이 이것이 새로운 보험 가입자에게도 발생하지는 않을 것이라고 생각한다. 보험사는 이제 장기요양보험료 책정 정책에 능숙해졌다. 초점을 맞춰야 할 연령은 50대, 60대다. 나이 들수록 건강 상태로 인해 보험 가입이 거절될 수 있기 때문이다. 그리고 늦게 가입할수록 보험료는 상승한다.

하이브리드 옵션

새로운 유형의 장기요양보험은 생명보험이나 연금을 장기요양보험과 결합하여 판매한다. 하이브리드 장기요양보험은 지난 몇 년 동안 기존 장기요양보험보다 인기를 끌고 있다. 하이브리드보험의 가장 큰 매력은 장기요양보험 혜택을 받지 않거나 일부 혜택만 받게 되는 경우, 사망 시 상속인이 사망 보험금을 받는다는 것이다. 또 다른 장점은 하이브리드 장기요양보험은 일시납 혹은 10년 납으로 책정되며 보험료가 증가하지 않는 비갱신형이라는 것이다. 그리고 하이브리드보험에 대한 건강검진 절차는 기존 일반보험보다 간편하다. 하지만 문제가 있다. 하이브리드보험은 기존 일반보험보다 보험료가 더 많이 든다. 사실 이것은 장기 요양 비용 혜택을 받지 않을 경우 보험 회사로부터 무언가를 더 얻기 위해 지불하는 대가일 수 있다.

KFP Note

안전한 노후를 위한 필수사항, 연금

안전한 노후를 위해서는 3층 구조의 연금을 준비해야 한다. 공적연금, 퇴직연금, 개인연금이 그것이다. ① 미국의 사회보장에 해당하는 공적연금은 소득이 있는 국민이 의무적으로 가입하는 사회보장제도 중 하나다. 연금보험료는 매년 소득공제 받을 수 있으며, 연금 수령 시에는 연금소득세(5.5%)가 과세된다. ② 퇴직연금은 회사에서 퇴직할 때 받는 퇴직금을 연금 형식으로 수령하는 것으로 운영 방법에 따라 확정급여형(DB)과 확정기여형(DC) 그리고 개인 퇴직 계좌(IRP)의 형태로 나뉜다. 퇴직 이후 일시금으로 받을 수도 있지만, 그럴 경우 퇴직소득세를 부과한다. 연금 형태로 수령하게 되면 퇴직소득세의 30%(10년 초과 40%)를 감면해 준다. ③ 개인연금은 노후를 위해 스스로 준비하는 연금으로 크게는 세제적격연금과 세제비적격연금으로 나눌 수 있다. 세제적격연금은 연금저축이라고 하며 매년 900만 원 한도로 납입한 금액의 13.2%(연소득 5,500만 원 미만 16.5%)를 세액공제 해주면서 연금으로 수령할 경우 연금소득세(연금액의 5.5~3.3%)를 과세하는 연금이다. 다만 연금으로 수령하는 금액이 연간 1,500만 원을 초과하게 되면 다른 소득과 합산되거나 16.5%로 분리과세 되기 때문에 주의가 필요하다. 세제비적격연금은 보험사에서 판매하는 연금보험으로 매년 납입한 금액에 대해 세제 혜택은 없으나 기준을 충족한다면 연금을 수령할 경우 비과세되는 연금이다(비과세 기준: 일시납은 1억원 한도 10년 이상 유지, 적립식의 경우 월 150만원 한도 5년이상 납입하고 10년 이상 유지). 납입하는 동안의 세제 혜택을 받을 것인지, 연금 수령하는 동안 세제 혜택을 받을 것인지에 따라 연금을 선택하는 기준이 될 것이다.

장기요양보험
우리나라의 장기요양보험 제도는 고령이나 노인성 질병 등의 사유로 일상생활을 혼자서 수행하기 어려운 노인 등에게 신체활동 또는 가사 활동 지원 등의 장기요양 급여를 제공하여 노후의 건강 증진 및 생활 안정을 도모하고 그 가족의 부담을 덜어줌으로써 국민의 삶의 질을 향상하도록 함을 목적으로 시행하는 사회보험 제도이다. 우리나라 장기요양보험 제도는 65세 이상의 노인 또는 65세 미만의 자로서 치매·뇌혈관성 질환 등 노인성 질병을 가진 자 중 6개월 이상 혼자서 일상생활을 수행하기 어렵다고 인정되는 자를 그 수급 대상자로 하고 있다. 건강보험 가입자는 자동적으로 장기요양보험의 가입자가 된다(법 제7조제3항). 장기요양 인정을 받기 위해서는 먼저 공단에 장기요양 인정 신청을 하고 공단 직원이 방문하여 인정 조사를 한 후 등급판정위원회의 등급 판정 그리고 장기요양인정서와 개인별 장기요양이용계획서의 작성 및 송부까지 진행해야 한다.

장기요양보험의 급여 종류에는 재가급여, 시설급여, 복지용구급여, 특별현금급여가 있다. 재가급여는 장기요양 요원이 수급자의 가정 등을 방문하여 신체 활동 및 가사 활동 등을 지원하는 장기요양급여이다. 시설급여는 장기간 입소한 수급자에게 신체활동 지원 및 심신 기능의 유지·향상을 위한 교육·훈련 등을 제공하는 장기요양급여이고, 복지용구급여란 일상생활·신체 활동 지원 및 인지 기능의 유지·기능 향상에 필요한 용구로서 보건복지부장관이 정하여 고시하는 것을 구입하거나 대여하여 주는 것이다. 특별현금급여(가족요양비)란 수급자가 섬·벽지에 거주하거나 천재지변, 신체·정신 또는 성격 등의 사유로 장기요양급여를 지정된 시설에서 받지 못하고 그 가족 등으로부터 방문 요양에 상당하는 장기요양 급여를 받을 때 지급하는 현금급여를 말한다.

✓ 은퇴 체크 리스트

- 부채 없이 은퇴하는 것을 목표로 한다.
- 소득 범위 내에서 생활하는 것을 습관화한다.
- 자녀의 대학 학자금 지원보다 자신의 은퇴 준비를 우선시한다.
- 적절한 비과세 퇴직연금 상품을 최대한 활용한다.
- 70세까지 현업으로 계속 일할 수 있는 방안을 탐색하고 준비한다.
- 장기요양보험 가입을 검토한다.

4장

은퇴 후 주거 문제를 사전에 검토한다

미국 통계청에 따르면 미국 거주자의 약 77%가 단독주택에, 20%가 아파트에, 나머지 3%가 기타 주거 형태로 살고 있다고 한다. 한편 우리나라의 경우 통계청에 따르면, 2021년 총 주택은 1,881만 호, 이 중 공동주택은 1,473만 호로 전년 대비 2.2% 증가하여 78.3%를 차지했다. 공동주택은 아파트 1,195만 호(63.5%), 연립·다세대 278만 호(14.8%)를 합친 수치다. 이러한 주택 현황을 반영하듯이, 4장은 단독주택 거주자를 가정하여 서술되고 있다. 그러나 우리나라의 경우도 은퇴 후 주택 규모를 유지할 것인가, 축소할 것인가, 어디에서 거주할 것인가는 중요한 은퇴 관련 검토 및 의사결정 사항이라고 할 수 있다.

아마도 여러분 중 일부는 이번 장을 그냥 건너
뛰고자 할 수도 있다. 자신이 어디에서 살아야 하는지에 대한 조언 따
위는 필요없다고 생각하는 사람들일 것이다. 하지만 유의해서 내 말을
들어 주시기 바란다. 상당수 사람들이 '같은 집에서 늙기'(Aging in Place)
를 자립의 상징처럼 생각하고 있다는 것을 나도 잘 알고 있다. 물론 이
론적으로는 상당히 매력적이다.

　사랑하는 집, 자녀들을 키워온 곳, 인생 최고의 추억이 담긴 집에 계
속 머무르고 싶어 하는 것은 편안한 익숙함 때문일 것이다. 그리고 그
것을 원하는 사람들이 많다. 확실히 의미 있을 수 있다. 하지만 은퇴 후
에도 계속 같은 집에 머무르는 것이 장기적으로 효과적이라는 것이 검
증되어야 한다. 경제적, 육체적, 감정적 이유로 같은 집에 계속 생활하
고자 한다면 은퇴 전에 주택담보대출을 우선적으로 상환해야 한다. 그
리고 또 다른 고려 사항은 오래된 집을 노후의 생활 요구사항에 맞게
리모델링하는 것이다.

　은퇴와 관련하여 재정적 준비가 부족한 사람들은 주거지 이동이 가
져다 줄 이점을 생각해 볼 필요가 있다. 주택 관련 비용을 줄이는 것은

압력솥의 방출 밸브를 여는 것과 같다. 아직 은퇴하지 않았을 경우, 가까운 시일 내에 주택 비용을 줄이면 은퇴 생활에 필요한 자금을 상당액 추가 확보할 수 있다. 어쩌면 남아 있는 부채를 완전 상환하거나 사회보장연금 수령을 70세까지 연기할 수 있게 하는 자금이 될 수도 있다.

그리고 주거비용이 낮다는 것은 적은 소득으로도 은퇴 후 필수 생활비용을 충당할 수 있거나 여행과 같은 다른 활동에 소요되는 자금으로 사용할 수 있다는 것을 의미한다.

이 명제를 재구성해 보자. 돈을 절약할 수 있는 조치를 고려하는 것은 현재의 삶을 포기하는 것이 아니다. 돈에 대한 스트레스를 받지 않고 마음의 평화를 얻는 것에 관한 것이다. 거주지와 관련된 적절한 의사결정은 당신에게 인생을 보다 활기차게 살 수 있는 자유를 제공할 수 있는 잠재력을 가지고 있다.

이 장은 두 부분으로 구성되어 있다. 첫 번째는 현재의 주택에 계속 머무르는 것이 최선의 선택인지 여부를 판단할 수 있게 하는 주요한 고려 사항을 안내한다. 두 번째로는 거주지 이동이 어떤 효과를 가져올 수 있는지 살펴본다.

은퇴 후 주거지 관련 의사결정을 위한 조치 사항은 다음과 같다.

현재의 주택에 계속 머무르고자 하는 경우
― 은퇴 전 주택담보대출을 전액 상환한다.
― 주거비용을 지속적으로 부담할 여력이 있는지 확인한다.
― 보장된 은퇴 소득으로 기본 생활비를 충당할 수 있는지 확인한다.

— 은퇴 소득 대부분을 주택연금(역모기지)에 의존하지 않는다.

— 주거 입지가 사회적 고립 요인이 되지 않을지 검토한다.

— 주거시설이 당신과 가족, 친구들에게 적합한지 검토한다.

거주지 이동을 고려하고 있는 경우

— 주거비용 절감의 긍정적 효과를 산정해 본다.

— 다양한 거주지 선택 옵션의 장단점을 비교한다.

— 주거지 이동이 모든 가족에게 좋은 기회가 될 수 있도록 한다.

현재의 주택에 계속 머무르고자 하는 경우

은퇴 전 주택담보대출(모기지론)을 전액 상환한다

내가 현재의 주택에 계속 머무르는 것을 인정하는 유일한 케이스는 은퇴 전에 주택담보대출을 전액 상환한 경우다. 앞서 70세까지 계속 일하는 것을 계획해야 한다고 이야기했다. 하지만 내가 추천하는 바는 65세까지는 주택담보대출을 전액 상환하는 것을 목표로 하는 것이다. 그렇게 하면 재정적 여유가 생길 것이다. 보통 60대 이후에는 연봉이 더 적은 다른 직업으로 밀려나는 경우가 많다는 것도 염두에 두어야 한다.

아쉽게도 여전히 주택담보대출을 안고 은퇴하는 사람들이 점점 더 많아지고 있다. 65세에서 74세 사이의 주택 소유자 3명 중 1명은 여전히 주택담보대출을 안고 있다. 또한 75세 이상 인구 중 거의 1/4이 여전히 주택담보대출을 안고 있다.

첫 번째 문제는 은퇴 후에도 주택담보대출을 상환해야 하면 재무적 사정이 훨씬 더 어렵다는 것이다. 재산세, 보험, 유지관리비는 은퇴 소득에서 상당 부분을 차지한다. 게다가 대출은 은퇴 후 안전하게 사용할 수 있는 자금의 규모를 크게 줄어들게 할 수 있다.

다음 장에서 나는 사회보장, 퇴직연금, 개인연금과 같은 고정 수입원으로 기본 생활비를 충당하는 방법을 소개한다. 하지만 막대한 대출이 남아 있다면 쉽지 않다. 만약 당신이 퇴직 계좌에 대출 및 기타 비용을 지불할 수 있을 만큼 충분한 돈이 있다고 생각한다면 다시 찬찬히 살펴보기 바란다.

은퇴하기 전에 대출을 상환해야 하는 이유가 하나 더 있다. 빚이 없으면 더 행복해진다. 은퇴 전 대출을 모두 상환했다고 후회하는 사람은 없다. 이제는 대출을 모두 상환한 후에도 계속 같은 집에 주거할 수 있는 여유가 있는지도 고려해야 한다. 이것이 우리가 여기에서 다루고자 하는 내용이다. 같은 집에 계속 생활하는 것이 노년의 당신에게 감정적으로나 신체적으로 바람직한지 깊이 생각해 보기 바란다. 계속 머무르는 것이 좋겠다고 판단했다면, 은퇴 전 대출을 모두 상환하는 방법에 대한 나의 조언을 읽어 보라.

주거비용을 계속 부담할 수 있는 여유가 있는지 확인한다

대출을 모두 상환한다고 해도 현재의 집에 머무르는 것이 경제적으로 적절한지 확인해야 한다. 주택 보유에 따른 재산세와 보험료를 현재뿐만 아니라 은퇴 후에도 감당할 수 있는가? 그리고 당신만 늙어가는 것이 아니라는 것을 알아야 한다. 주택도 노후화된다. 이것은 정기적인 유지관리 비용 외에도 주택 노후화에 따라 발생하는 각종 수선비를 의미한다. 지붕과 급배수 및 공조 시스템은 얼마나 노후화되었는가? 은퇴 후에도 20년 이상 같은 집에서 머무르고자 한다면 현실적으로 상당한 유지관리 비용이 발생할 가능성이 높다. 제설, 정원 가꾸기, 정기적인 유지보수 및 관리비와 같은 모든 비용이 합산되어 재정적으로 궁지에 몰릴 수도 있다.

게다가 인플레이션을 망각하는 사람들이 너무 많다. 당신이 지불해야 할 재산세는 주택가격과 함께 증가한다. 보험료도 인플레이션에 따라 상승한다. 지붕을 교체하거나 눈보라를 처리해 줄 사람에게 비용을 지불하는 데 드는 비용도 증가한다. 이것은 진실을 확인하는 매우 중요한 순간이다.

주택 보유에 따른 비용 상승을 감당할 수 있는 저축과 꾸준한 수입이 있다면, 계속 머무르는 것이 좋은 결정일 수 있다. 하지만 현재의 집에 계속 머무르는 것에 따른 비용 상승으로 인해 재정적 안정을 유지하기가 어려워진다면, 왜 그렇게 스트레스를 받으면서 같은 집에 계속 머무르는 것을 고집하는가?

내가 '집'이라고 말한 것에 주목하라. 임대보다 소유하는 것이 당신에게 중요하다면, 그것이 당신에게 우선순위라는 점을 인정한다. 하지만 나의 조언은 은퇴 소득을 쉽게 감당할 수 있는 주택으로 이사하여 재정 문제를 해결하는 것을 고려해 보라는 것이다. 유지관리비가 많이 드는 주택에 거주하는 분들에게는 아파트나 기타 공동주택이 훌륭한 선택이 될 수 있다. 아파트나 기타 공동주택은 단독주택과 같이 자신의 유지관리 책임이 없으며 단지 내에 체육관이나 수영장과 같은 매력적인 편의시설이 있을 수 있다. 또한 나이가 들수록 근처에 이웃이 있다는 것이 위안이 될 수도 있다.

은퇴 소득 대부분을 주택연금(역모기지)에 의존하지는 않는다

나는 주택연금의 적극적 지지자는 아니다. 하지만 주택연금은 주택자산을 활용하여 은퇴 소득을 창출하는 현명한 방법이 될 수 있다. 주택연금의 가장 큰 장점 중 하나는 연금소득에 세금이 부과되지 않는다는 것이다. 이것은 은퇴 생활에 큰 도움이 될 수 있다. 하지만 나는 명확하게 말하고 싶다. 주택연금은 특정한 상황에서만 의미가 있다. 여전히 주택연금은 위험이 수반되는데, 이에 대해서는 잠시 후에 설명한다. 그것은 당신에게 감내할 만한 가치 있는 위험일 수 있지만, 자신에게 일어나는 일에 대하여 눈을 크게 뜨고 있을 때만 가능하다.

주택연금(역모기지)이 잘못된 선택이 되는 경우

― 주택연금으로 고정적 생활비의 대부분을 충당하고자 하는 경우
― 증가하는 재산세, 보험, 유지관리비를 감당하기가 어려운 경우
― 5~10년 이내에 다른 곳으로 이사할 가능성이 높은 경우
― 여가 활동, 신용카드 부채 상환, 주식 투자 등에 사용하고자 하는 경우

주택연금은 본인의 집에 살고 있으면서 주택 자산을 유지하는 방법이다. 주택담보대출보다 안정적이다. 주택담보대출은 축소되거나 동결될 수 있다. 2008년 금융위기 당시 많은 사람들에게 이런 일이 실제로 일어났다.

주택연금의 경우 대출 기관은 대출 조건을 변경할 수 없다. 그리고 그 주택에 머무르는 동안에는 사용한 돈을 상환할 필요가 없다. 이사를 하거나 사망한 경우에만 상환한다. 일반적으로 당신 또는 당신의 상속인은 언젠가 그 주택을 매각한다. 주택가격이 주택연금 잔액보다 높을 경우 당신 또는 상속인은 차액을 수령하지만, 차액이 마이너스인 경우에는 상환하지 않아도 된다.

주택연금을 이용하고자 하는 경우에는 모기지를 먼저 상환해야 한다. 물론 주택연금을 이용해서 남은 대출 잔액이나 미결제 주택담보대출을 상환할 수는 있다. 하지만 이것은 대출 잔액이 적고 은퇴 시 필요할 때 사용할 수 있는 자금이 충분히 남아 있는 경우에만 의미가 있다. 그 이유는 주택연금이 주택담보대출보다 이자가 더 높기 때문이다. 주

택연금은 주택가치, 대출 시 이자율, 현재 모기지 잔액 및 주택담보대출, 나이에 따라 결정된다. 최소한 62세 이상이어야 한다.[1] 기혼인 경우, 둘 중 한 명만 62세가 되어도 된다. 빌릴 수 있는 금액은 주택 감정가의 일정 비율이다.

고정금리 주택연금을 받을 수 있는 유일한 방법은 일시불로 수령하는 것을 선택하는 것이다. 하지만 나는 주택연금을 일시금으로 받는 것을 권장하지 않는다. 대출 또는 월 지급금 유형의 주택연금은 변동이자율이 부과된다. 그러나 변동금리 대출의 경우 이자율이 상승하면 자산 사용 비용도 상승한다. 이것은 당신 또는 당신의 상속인이 최종적으로 주택을 매각할 때 주택연금을 갚은 후 이익이 줄어들거나 잔액이 전혀 없을 수 있다는 것을 의미한다.

최악의 시나리오는 이사하거나 사망 시 대출금 상환 후 상속인에게 남는 자산이 없는 것이다. (나는 이것이 우선적으로 걱정할 사안은 아니라고 생각한다. 은퇴 후 당신의 임무는 90대 이후에도 자신이 편안하게 살 수 있도록 하는 것이다.

---

[1] 우리나라의 경우에는 주택 소유자 또는 배우자가 만 55세 이상이어야 한다. 공시가격 12억 원 이하의 주택 또는 주거 용도의 오피스텔을 소유하고 있으면 누구나 이용할 수 있다. 다주택자인 경우에도 부부 소유주택의 공시지가를 합산한 가격이 12억 이하이면 신청할 수 있다. 기준이 되는 주택가격은 공사에서 인정하는 시세를 적용하는데 아파트의 경우에는 한국부동산원 시세, KB국민은행 시세를 순차적으로 적용하고, 아파트 이외에 인터넷 시세가 없는 주택과 오피스텔은 감정기관의 감정평가를 통한 시세가 적용된다. 고령화 속도가 급속도로 진행됨에 따라 주택연금도 일반 주택연금, 주택담보대출 상환용 주택연금 그리고 우대지급 방식의 3가지 방식으로 연금을 수령할 수 있다. 이 중 우대지급 방식은 부부 기준 2억 미만의 1주택 소유자이고 1인 이상이 기초연금 수급권자일 경우 일반적인 경우보다 최대 20% 더 받을 수 있는 제도이다. 수령방식도 매월 동일한 금액을 수령하는 정액형과 가입 초기 일정 기간(3, 5, 7, 10년 중 선택)은 정액형보다 많이 받고 이후에는 덜 수령하는 초기 증액형, 초기에는 정액형보다 적게 받고 3년마다 4.5%씩 일정하게 증가한 금액을 수령하는 정기증가형의 3가지 형태가 있다.

가족에게 유산을 남기는 것은 은퇴 기간 중 당신의 삶의 질보다 덜 중요하다.)

주택연금의 가장 큰 위험은 해당 주택에 거주하는 동안에만 효과가 있다는 것이다. 당신이 12개월 이상 집을 비우면 대출 기관은 대출금 상환을 청구할 수 있다. 이사에는 매각, 노인 생활 지원 시설이나 요양원의 이동이 포함된다. 거주하지 않으면서 주택을 보유하거나 임대할 수는 없다.

당신이 결혼했고, 배우자가 해당 주택에 거주하고 있고, 대출의 차용인으로 등재되어 있는 경우, 부부 중 한 명이 해당 주택에 거주하고 있는 동안에는 역모기지의 효력이 유지된다. 이것은 몇 년 전에 이루어진 엄청난 제도 변화다. 이전에는 차용인이 사망하거나 요양시설로 이사하면 배우자는 강제로 이사해야 했다.

나는 당신이 자신의 집에서 죽을 때까지 머물고 싶은 마음을 갖고 있다는 것을 알고 있다. 하지만 인생이 항상 우리의 바람대로 흘러가지 않는다는 것도 알고 있어야 한다. 어느 시점에 이사해야 하고 역모기지 자금을 모두 썼다면, 상환해야 하므로 재무적으로 어려운 상황에 처하게 될 수 있다. 이것은 생존 배우자에게 더 큰 문제가 된다. 만약 생존 배우자가 주택을 유지할 여유가 없거나 머물고 싶지 않다면, 역모기지를 모두 상환해야 하는 문제에 직면하게 된다. 그로 인해 생존 배우자는 다른 곳으로 이사할 수 있는 여유를 갖기가 어려워질 수 있다. 이는 고려해야 할 매우 중요한 가능성이다.

주거 입지가 사회적 고립 요인이 될 가능성을 검토한다

현재 당신의 집이 당신에게 완벽하게 들어맞는다는 느낌을 이해한다. 수년 동안 그곳에서 살았다면 그곳은 너무나 많은 추억으로 가득 차 있다. 그리고 자녀가 성인이 되어 독립한 경우, 그 집은 가족 모두를 하나로 모으는 본거지로서의 고향이 되는 경우가 많다.

그러나 나는 당신에게 어려운 숙제를 하라고 부탁한다. 당신이 80세나 85세가 되었을 때 그 집이 당신의 생활에 어떤 문제가 되지 않을지 생각해 보라. 만약 당신이 더 이상 운전할 수 없을 때 쉽게 이용할 수 있는 편리한 대중교통, 택시 혹은 우버와 같은 승차 공유 서비스가 있는가? 도시나 친구로부터 얼마나 멀리 떨어져 있는가? 지금 당장은 친구를 만나거나 영화를 보거나 쇼핑하기 위해 15~20분 정도 운전해서 가는 것에 대해 전혀 문제가 없겠지만, 노화가 진행되면서 이러한 활동이 부담될 수도 있다. 특히 혼잡한 고속도로를 운전해야 하는 경우라면 더욱 그렇다. 그리고 친구들을 생각해 보라. 그들도 나이 먹는다. 그들이 당신에게 오는 것 역시 쉽지 않을 수 있다. 고립은 은퇴 생활을 망칠 수 있다. 나는 당신에게 현재 사는 곳에서 다른 곳으로 이사를 할 때 느끼는 엄청난 스트레스만큼이나 그곳에 계속 머물렀을 때 직면할 수 있는 현실적 어려움이 훨씬 더 클 수도 있다는 것을 말하고 싶다. 이 문제를 나중에 때가 되면 처리할 일로 뒷전으로 넘기지 말고 지금 철저하게 검토해 볼 것을 권장한다. 몇 년 후에는 훨씬 더 어려운 조치를 해야 할 수도 있다.

내 조언은 당신이 건전한 상식과 열린 마음으로 지금, 합리적으로 생각하기 시작하라는 것이다. 또한 이사가 은퇴 후에도 오랫동안 행복하고 안전하게 지켜줄 훌륭한 담보가 될 수 있다는 가능성에 마음을 열어두기를 바란다. 결혼했다면 반드시 부부간에 이 문제에 대하여 대화를 시작해야 한다. 그리고 배우자가 먼저 사망할 경우 각자가 원하는 것이 무엇인지, 필요한 것이 무엇인지에 대해 솔직하게 이야기를 나누어 보는 것이 중요하다. 지금 이사하는 것이 오히려 훨씬 쉬운 전환을 가져올 수도 있다는 것을 알게 될 것이다.

주거시설이 고령의 당신과 가족, 친구에게 적합한지 검토한다

지금은 현관문까지 올라가는 계단 혹은 2층 침실까지 올라가는 계단이 문제가 될 수 있다는 생각을 해 본 적이 없을 것이다. 그리고 좁은 현관이 있는 오래된 집은 매력이 있을 수도 있다. 하지만 당신이나 당신의 친구들이 보행기나 휠체어에 의존해야 하는 경우에는 심각한 문제가 될 수도 있다.

지금은 당신의 집이 나이를 먹어가는 당신에게 적합한지 아닌지 생각해 볼 수 있는 좋은 시간이다. 이제 집을 보다 노인 친화적으로 만드는 계획을 세우는 것이 좋다. 1층에 침실(또는 침실로 쉽게 변형될 수 있는 방)과 대형 샤워실을 두고, 욕실에 벤치나 스툴 공간을 두면 당신의 노후에도 편안하게 오래 머무를 수 있는 공간이 될 수 있다.

나이가 들수록 질병이 증가한다는 것은 모두가 알고 있다. 관절이 빼

걱거리고 낙상 사고가 발생한다. 여러분께 드리는 과제는 자신의 집을 둘러보고 아프거나 관절염에 걸리거나 부상을 당할 경우 현재의 집에 계속 머무르는 것이 얼마나 타당하고 편안한지 확인하는 것이다.

피해야 할 것은 어떤 일이 일어나고 당신을 돌볼 준비가 되어 있지 않은 집에 갇혀 지내야 하는 것이다. 넘어져서 엉덩이뼈가 부러지고 나서야 집으로 들어가는 계단에 경사로를 설치하기 위해 수선 허가를 받고 공사업자와 계약하는 데 몇 달을 기다리는 것은 바람직하지 않다. 욕조에 들어가고자 하지만 관절염이 심해지면 어떻게 될까? 계단을 오르내리지 않고도 접근할 수 있는 샤워기가 필요하다. 이상적으로는 보행기나 휠체어를 위한 공간이 있는 욕실이 있어야 한다. 집 안에서의 낙상 사고를 예방하는 데 도움이 되도록 취할 수 있는 조치들도 있다. 어두울 때도 문제가 되지 않도록 조명과 전등 스위치를 바꾸고, 깔개를 카펫으로 교체하고, 화장실에 가로대를 설치한다.

My Story

내가 이 주제를 이렇게 자세히 설명하는 이유를 이야기하고 싶다. 우리 가족도 똑같은 문제에 직면하고 있다. 우리가 사랑하는 집이 노년의 우리에게 더 이상 안전하고 살기 쉬운 곳이 아닐 수도 있다는 사실을 받아들이는 것은 쉽지 않았다. 건강 문제로 인해 가족 중 일부는 계단을 쉽게 오르내리지 못했고, 예상보다 빨리 집을 떠나야 하는 현실을 직시해야 했다. KT와

> 내가 사는 집이 나이가 들어도 계단이 문제가 되지 않도록 모든 것을 한 층으로 만들었다. 여러분에게 말씀드린 것은 내가 이미 따랐던 조언이다!

나이를 먹어가는 자신을 위해 마련하고 싶은 변화에 대해 생각하기 시작하는 것이 현명하다고 생각한다. 당신이 50대이고 주택 리모델링을 생각하고 있다면 노후의 당신에게 적합한 디자인과 설비를 추가하는 것을 고려해 보라. 주택 수선 범위를 결정할 때 노인이 안전하게 생활할 수 있도록 하는 주택 리모델링 경험이 있는지 공사 업체에게 문의하라. 이제 이것은 주택 리모델링 산업에서 매우 큰 분야가 되고 있다.

은퇴 이전에 주택담보대출을 모두 상환하는 방법

현재의 집에 계속 머무르고자 한다면 늦어도 은퇴 전까지는 모기지를 모두 상환하겠다는 계획을 세워야 한다. 첫 번째 단계는 현재 은행에 연락하여 65세까지 대출금을 상환할 수 있는 새로운 '상환 일정'을 요청하는 것이다. 이것은 바로 65세까지 대출 잔고를 전액 상환하기 위한 월 상환액을 재산정하는 것이다.

1. 모기지 상환에 사용할 수 있는 현금흐름이 있는지 살펴본다.

더 이상 줄일 수 있는 지출 항목이 없다고 말하지는 말라. 모든 것이 그렇듯이 우선순위 문제다. 지금 당신의 우선순위는 모기지를 상환하는 것이다. 2장에서는 가족에 대한 지원을 재조정하여 꼭 필요한 자금을 확보할 방법을 논의했고, 3장에서는 지출을 줄이는 방법에 대한 크고 작은 전략을 제시했다.

2. 비상 자금을 초과하는 여유분의 자금을 투입한다.

나는 적어도 8개월 동안 기본 생활비를 감당할 수 있을 만큼의 비상 자금을 보유하고 있어야 한다고 조언해 왔다. 이는 특히 50세 이상의 모든 사람에게 해당된다. 직장에서 해고되는 경우, 다른 일자리를 찾는 데 더 오랜 시간이 걸리고 급여도 하락하는 경우가 많다. 그러나 8개월 이상의 비상 자금을 초과하는 돈이 있다면 그 일부를 사용하여 모기지 잔액을 갚는 것을 고려해 보시기 바란다. 고율의 부채가 남아 있는데, 낮은 이자율로 예금하는 것은 의미가 없다. 당신이 매우 똑똑하고 온라인 저축은행이나 신용조합에 저축을 하고 있다고 가정해 보자. 요즘은 3% 정도의 이자를 낸다. 그 이자는 과세소득이므로 세후 순수익률은 2.4% 정도라고 가정해 보자. 당신의 대출 금리가 그보다 낮다고 말할 수는 없다. 금융위기로 금리가 최저 수준에 이르렀을 때 재융자를 받았다고 해도 여전히 약 3.5%의 이자율을 지불하고 있다. 모기지 이자에 대한 세금 전액을 공제받는다면, 과세 범위가 32%에 속하더라도 세금을 낸 후 여전히 2.4%를 지불한다.

3. 퇴직 계좌 불입 금액을 줄인다.

퇴직 계좌에는 고용주가 불입하는 퇴직금 외에 추가적으로 자신의 자금을 불입할 수 있다. 그리고 모기지를 모두 상환하면 은퇴 생활에 필요한 월 현금흐름을 크게 줄일 수 있다. 따라서 여유 자금이 있다면 퇴직 계좌에 추가 불입 가능한 재원으로 모기지 상환에 사용하는 것도 은퇴를 준비하는 좋은 방법이 될 수 있다.

거주지 이동을 고려하고 있는 경우

주거비용 절감의 긍정적 효과를 산정해 본다

이 장의 시작 부분에서 언급했듯이 주거비를 줄이면 두 배의 이익을 얻을 수 있다. 우선 즉각적인 현금흐름에 도움이 되며 매달 다른 우선순위에 사용할 수 있는 자금을 확보할 수 있다. 이는 은퇴 주택 비용을 효과적으로 줄여 은퇴 소득 중 상당 부분을 다른 용도로 사용할 수 있다. 또는 편안한 은퇴 생활을 즐길 수 있는 여부의 차이일 수도 있다.

주거비용을 25% 절감한다고 가정해 보자. 예를 들어 현재 매월 주거비용으로 2,000달러를 지출한다면 절감한 월 500달러를 다음과 같은 용도로 사용할 수 있다.

— 아직 부채가 남아 있다면, 그 빚을 청산할 수 있는 여유가 생긴다.
— 은퇴 후 몇 년 동안 연간 6,000달러는 꽤 큰 비상 자금이 된다.
— 3장에서 언급한 장기요양보험의 필요성에 공감하지만 재원 확보가 고민되는 경우, 절감한 주거비용을 보험료 지불에 사용할 수 있다.

— 주거비용을 낮추면 연봉은 낮지만 자신이 좋아하는 다른 직업을 선택할 수 있는 유연성이 생길 수 있다. 또한 사회보장연금 수령 시기를 늦추는 데에도 도움이 된다.

— 자녀와 손주가 먼 곳에서 살고 있는 경우, 이들을 방문하거나 다른 버킷리스트 여행을 위한 자금으로 사용할 수도 있다.

위 내용은 단지 몇 가지 사례일 뿐이다. 주택비용 절감으로 확보한 자금으로 어떤 일이 가능할지 스스로 기대해 보시기 바란다.

다양한 거주지 선택 옵션의 장단점을 비교한다

여러분 중 일부는 자신의 집에 대한 감정적 유대가 너무 강해서 이사를 생각할 수 없을 것 같다는 마음이 있을 수 있다. 당신과 나는 매사에 균형이 중요하다는 것을 알고 있을 만큼 충분한 인생 경험을 갖고 있다. 사랑하는 가족과 오랫동안 살았던 집을 떠난다는 생각은 처음에는 쉽지 않을 것이다. 추수감사절과 크리스마스 그리고 휴일에 온 가족이 추억이 서린 집에 모이고자 하는 마음을 충분히 이해한다. 하지만 머리와 마음을 조금 열어 보라. 우리가 사랑하는 사람들과 우리를 더욱 가깝게 묶어주는 것은 장소가 아니라 사람들이다. 변화는 쉽지 않다. 하지만 당신은 집을 포기하는 것이 아니다. 당신은 지금 당신에게 훨씬 더 적합한 집에서 생활하고 재정적으로도 도움이 되는 선택을 할 수도 있다. 그리고 나는 당신과 당신의 자녀들에게 인생의 다음 장을 생각해 보라고 조언한다. 당신에게 재정적으로나 육체적으로 도움이 될 새로운 집에 산다는 것은 부모가 성인 자녀에게 줄 수 있는 놀라운 선물이다.

주거지 이동이 모든 가족에게 좋은 기회가 될 수 있도록 한다

나는 주거비용이 낮은 지역으로 이사하는 것을 권장하지만, 단지 재정적 측면만을 고려할 것은 아니다. 그 집은 당신에게 적합하고 당신이 있고 싶어야 한다. 돈을 절약하지만 삶이 비참해지는 것은 끔찍한 절충안이다. 나중에 설명하겠지만 가족이나 친구와 함께 같은 집으로 이사하게 되면 많은 돈을 절약하고 친밀한 교류도 할 수 있는 엄청난 기회도 된다. 모든 사람에게 효과가 있는 것은 아니지만 충분히 고려해 볼 수 있는 사안이다.

그리고 새로운 주택의 구입이 아니라 임대하는 것도 재무적 비용을 줄이는 방법일 수 있다. 몇 년 동안 시험해 보고 싶은 새로운 삶(교외에서 도시로, 도시에서 교외로)으로의 이사를 고려하고 있는 경우에도 이 방법은 충분히 의미가 있다. 또한 아직 현업으로 일하고 있고 나중에 다른 곳으로 이사할 계획이라면 임시 조치가 될 수도 있다. 지금 기존 주택을 매각하고 임대주택에서 생활한다면, 당신은 미래의 주택을 위해 자금을 유보해 두는 것이다. 또는 그 자금을 활용하여 은퇴 후 거주할 집을 매입한 후 임대하여 당신이 입주할 때까지 임대 수입을 얻을 수도 있다. 최근에는 단지 임대료 수입만이 아니라 직접 주택 유지관리를 하지 않아도 되는 편리함을 누리고자 주택을 임대하는 노인들이 늘어나고 있다.

7장에서는 은퇴 후 투자전략을 설명한다. 7장이 제시하는 조언은 주택을 매각하여 투자할 수 있는 재원이 있는 경우, 유념해야 할 투자전략이다.

이사를 고려하는 경우 알아야 할 것들

이 글을 쓰고 있는 2023년 초 미국 여러 지역에서는 모기지 금리의 급격한 상승으로 인해 주택시장이 약세로 돌아서고 있다. 그럼에도 불구하고 당신이 한 집에서 오랫동안 살았고 이사를 위해 새로운 모기지를 받을 필요가 없다면, 지금은 여전히 주택 규모 축소를 고려하기에 좋은 시기일 수 있다. 주택을 장기 보유했다면 매각 시 더 많은 이익을 얻을 가능성이 높다.

주택시장이 조만간 회복될지, 얼마나 오를지 알려주는 마법의 수정 구슬은 없다. 내가 우려하는 바는 주택 규모를 축소할 다른 더 좋은 시기가 있을 수 있다는 생각에 집중하는 함정에 빠지는 것이다. 그럴 수도 있고, 아닐 수도 있다. 보다 빨리 이사하여 은퇴 계획 목표가 많이 해결된다면, 그때가 이사하기 좋은 시기이다. 스스로 다음 같은 질문을 해 보면 큰 도움이 될 수 있다. "나에게 문제가 생기면 어떻게 될까? 더 높은 가격으로 매각할 수 있을 것으로 예상하여 몇 년을 더 기다렸지만 상황이 예상대로 진행되지 않으면 어떻게 할 것인가?" 지금 주택 규모를 축소하여 이사하는 것이 타당하지만, 현재의 집에서 버티고 있는 유일한 이유가 나중에 '더 높은 가격으로 매각'하기 위한 것이라면 당신은 위험을 감수하고 있는 것이다.

올해나 내년에 주택을 매각할 예정인데, 지금으로부터 5년 후 주택 가격이 훨씬 오른다고 가정해 보자. 그것이 당신이 잘못된 판단을 했다는 뜻인가? 나는 그렇게 생각하지 않는다. 은퇴 재정을 확고히 하기 위해 또는 중요한 목표를 위한 자금을 확보하기 위해 그리고 노후에 편안하고 안전한 주택에서 생활하기 위해 이사했다면, 그것을 실수로 규정하는 것은 어리석은 일이다.

혹시 성인 자녀와 함께 거주하는 것은 어떤가? 형제자매 혹은 친구는? 가족, 친구와 함께 생활하는 것에는 많은 장점이 있다. 비용 분담이 하나의 장점일 수 있지만, 사회적인 측면도 있다. 우리는 나이가 들수록 사회적 고립과 그 사촌 격인 우울증이 심각한 문제가 될 수 있다는 것을 잘 알고 있다. 오랫동안 '집'을 유지하고 비용을 분담하는 것이 모두에게 도움이 된다면 훌륭한 선택이 될 수 있다. 당신의 희망에 따라, 어쩌면 당신이 개입하여 손주들을 돌볼 수도 있다. 이것은 성인 자녀들에게 엄청난 재정적 구제가 될 수 있다. 또한 자녀들에게는 매일 엄격한 마감 시간에 맞춰 집으로 달려가야 하거나 어린이집에 갈 필요가 없다는 것은 엄청난 선물이 되기도 한다.

말할 필요도 없이, 해결해야 할 세부 사항이 많이 있다. 손주들을 돌보는 경우, 투자되는 노력과 시간을 자녀들과 함께 금전적으로 산정하고 이야기를 나누는 것이 좋다. 누가 저녁을 요리하는가? 쇼핑은? 그리고 우리는 모두 당신이 먼저 사망할 것이라고 가정할 수 있지만, 꼭 그렇지는 않을 수도 있다는 것을 알고 있다. 당신을 포함한 모든 가족이 같은 집에서 생활하는 데 필요한 소득을 제공하려면 자녀가 생명보험에 가입되어 있는지 확인하는 것이 중요하다.

또한 사망 시 주택소유권이 어떻게 '이전'되는지에 대해 논의하고자 한다. 9장에서 설명하겠지만, 생전 신탁에 주택을 맡기는 것이 이를 위한 현명한 방법이다. 하지만 나는 변호사와 협력하여 원활한 재산 이전을 위한 재산권과 관련된 문제를 사전에 해결할 것을 권장한다. 이러한 작업을 수행하는 유일한 방법은 없다. 그러나 핵심은 모든 것을 문서화하는 것이다. 예를 들어 모든 사람은 자신이 꼭 해야 할 다섯 가지 필수 항목과 처리할 수 없는 다섯 가지 항목의 목록을 작성할 수 있다. 당신들은 공통점이 많겠지만 차이점을 해결하는 데 시간을 투자하라. '청소'에 대한 생각이 서로 다르다면 아마도 가정부를 위한 예산 책정 시 논의해야 할 것이다. 침실이 한두 개 더 있는 경우 방문객에 대한 숙소 정책은? 요리와 쇼핑은 누가? 당신들 중 한 사람이 심하게 아프게 되면? 누군가가 치매나 알츠하이머 또는 심각한 노인성 질병에 걸리면 치료를 받을 곳은? 생각할 것이 많고 함께 이야기해야 할 것들도 많다.

이제 나는 우리가 이 장을 시작한 곳으로 돌아가고 싶다. 어디에 살 것인지 결정하면, 걱정스럽거나 긴장되는 상태에서 자신감 있고 행복한 상태로 은퇴 전망이 바뀔 수 있다. 나는 당신이 이 문제에 대한 의사결정을 중요하게 생각하기를 바란다. 어떤 일이 일어날지 막연하게 기다리는 것은 좋지 않다. 늦추는 것은 의사결정을 어렵게 할 뿐이다. 가족과 이야기하고, 친구와 이야기해 보라. 재무 관련 문제를 정리하는 데 도움을 줄 수 있는 재무 자문과 상담하라.

그런 다음 은퇴 후 생활하기에 가장 적당한 곳이 어디인지, 언제 이사할 것인지에 대하여 정보를 바탕으로 올바른 결정을 내리도록 하라. 올바른 의사결정을 하면 당신의 현재와 미래의 삶이 얼마나 풍요로워질 것인지 놀라게 될 것이다.

KFP Note

한국에서의 은퇴 후 주거지 문제

아직 우리나라에서는 은퇴 후 어디서 살 것인가에 대해서 많은 연구가 진행이 되지 않고 있다. 일부 전문가들은 베이비부머가 본격적으로 은퇴하는 시기에 부동산가격의 조정을 예측했었다. 하지만 오히려 부동산가격은 폭등하였고 큰 평수에서 작은 평수로 거주지를 옮기는 거주 다운사이징은 거의 발생하지 않았다. 오히려 독립했던 자녀들이 부모의 집으로 들어오는 현상이 생기기도 했다. 또한 주변에 대한 시선을 많이 의식하는 한국 문화에서 주거지 이전에 대해서 또 다른 부담을 갖고 있다.

우리나라에서의 은퇴 후 주거지 문제에 대한 주요한 검토 사항도 Suze Orman이 제시하는 고려 사항과 유사하다. 아래 8가지를 참고하라.

1) 고령이 되어가면서도 오랫동안 머물 수 있는 곳인가?

2) 자녀, 친구, 친척들과 원활하게 접근할 수 있는가?

3) 문화 활동, 사회 활동, 다양한 사람들과 교류를 골고루 할 수 있는가?

4) 연령대별로 생활 스타일이 변해도 이사를 하지 않고 살 수 있는 환경인가?

5) 온도, 습도, 풍경과 같은 자연 여건이 적합한가?

6) 낙상 사고를 방지할 수 있도록 안전하게 집을 수리할 수 있는가?

7) 간병기가 되더라도 오랫동안 집에 머물 수 있도록 준비할 수 있는가?

8) 가까운 곳에 대형 병원이 있는가?

은퇴 커뮤니티를 활용한 주거

한국의 대표적인 은퇴 커뮤니티는 '남해 독일마을'이다. 이곳은 파독 광부 간호사들이 은퇴 후 귀국하여 정착한 마을로 2021년 현재 42채가 완공되어 귀국한 독일 교포들과 한국 사람들이 생활하고 있다. 이 중 30여 정도의 가정이 부업으로 민박을 하고 있으며, 독일 맥주 가게, 독일 공방과 주민들의 '독일마을 행복공동체 영농조합'이 남해군의 대표적인 관광지가 되었다.

'시니어타운'으로 입주하여 노후 생활을 하는 경우도 증가하는 추세다. 대표적으로 '삼성노블카운티'는 주거는 물론 체계적인 첨단 의료 서비스를 제공하고 있으며, 요양 센터, 문화 센터, 스포츠 센터 등의 복합 공간에서 원스톱으로 노후 생활할 수 있도록 하고 있다. 입주하기 위해서는 만 60세 이상, 입주보증금과 월 이용료를 납입하면 된다.

도심형 시니어타운인 '더 클래식 500'은 서울 도심에 위치해 있어 또 다른 편리함을 제공하고 있다. 이렇듯 최근 치매, 중증질병의 증가가 이슈가 되고 있기 때문에 오히려 의료 서비스를 받을 수 있는 '시니어타운'이 은퇴 후 보편화된 주거 형태로 자리매김할 것으로 예측된다.

마지막으로 '공동체 주택'도 시도되고 있다. 서울시 도봉구 소재의 어르신 맞춤형 공동체 주택인 '해심당'은 한국토지주택공사(LH)와 도봉구청, 사회단체가 협업해 만들었다. 기존 노후 주택을 신축해 2021년에 문을 열었다. 총 21세대가 살 수 있으며, 1층에는 장애인, 2, 3층은 1인 가구, 4층은 부부 세대가 거주할 수 있다. 거동이 불편한 이들을 위해 배리어프리(무장애) 디자인이 도입됐다. 복도 등 공용 공간에도 손잡이를 설치했고, 단차를 최소화했다.

입주 조건은 도시 근로자 월평균 소득의 50% 이하로 정해져 있고, 임대료 시세는 주변 시세의 45% 수준이며 월 임대료도 시중보다는 많이 저렴한 편이다. 공동체 주택인 해심당에는 1층은 카페 '향'이 있고, 2층부터 4층까지는 공용 커뮤니티 공간과 안마의자도 이용할 수 있다. 옥상은 '키친 가든'으로 설계되었고 이곳은 꽃, 식물뿐 아니라 채소, 허브 등을 심고 입주민들은 작물을 직접 기르고 수확한다.

모든 것이 그렇지만 좋은 점만 있는 것은 아니다. 이곳 입주민들의 공통점은 만 65세 이상이라는 것 외에 없기 때문에 내부적인 갈등도 있고 적극적인 커뮤니티 활동도 잘 이루어지지 않고 있는 단점도 있다고 한다.

✔ 은퇴 체크 리스트

- 현재의 주택이 노후의 당신에게 재무적, 신체적, 감정적으로 적합한지 평가해 본다.
- 은퇴 후에도 현재의 주택에 계속 머무르고자 하는 경우, 장기적인 비용 상승까지 고려하여 재산세, 유지관리비, 보험료 등을 감당할 수 있을 것인지 확인한다.
- 노후의 당신에게도 지금의 주택이 안전하고 편리할 것이지 사전에 점검한다.
- 노후를 대비하여 주택을 리모델링해야 한다면 서두르는 것이 좋다.
- 같은 집에 계속 살고자 하면, 은퇴 전에 모기지를 완전 상환한다.
- 주택비용이 저렴한 다른 곳으로 이사를 하면 재정적 안정에 어떤 영향을 미칠 것인지 생각해 보라.
- 생활 방식을 바꾸는 방안도 모색해 본다. 은퇴 후 자녀 혹은 친구와 같은 집에서 생활하거나 은퇴자 커뮤니티에서 생활할 수도 있다.

5장

60대, 은퇴 전후 5년, 당신이 해야 할 일

인생의 숫자가 59를 지나서 60, 65로 접어들고, 어느 날 갑자기 60대를 벗어나 70대를 향하고 있으면 누구나 당황스러워한다. 그 많은 시간이 다 어디로 갔는가? 반백 년, 50세 생일이 바로 엊그제 같은데, 달력에는 내가 71년 1개월을 경과하고 있다고 나온다. 하지만 71세라고 느껴지지 않고 아직은 젊다는 느낌이다! 확실히 부모님 세대의 71세와는 다르다.

내면의 느낌이 어떻든 60대는 변화로 가득 찬 10년이다. 메디케어는 65세부터 시작된다. 당신은 조금 더 쉬운 직업이나 파트타임 직업으로 내려올 수도 있다. 이 장에서는 다양한 전환을 탐색하는 데 도움이 되는 많은 조언을 제공하고자 한다. 그러나 완벽한 단일의 어떤 방법이란 없다는 점을 분명히 하고 싶다.

어떤 사람들에게는 부모, 조부모님이 경험하셨을 은퇴와 비슷한 완전 은퇴가 될 것이다. 금요일은 직장에서의 마지막 날이고, 다음 월요일은 은퇴 첫날이다. 그리고 아무 일도 하지 않는다. 그러나 많은 경우 은퇴 전환은 보다 점진적으로 이루어질 것이다. 60대가 되면 자신의 경력을 정의했던 정규직 직장을 그만둘 준비가 되었거나 직장 문밖으로 밀려나는 자신을 발견할 수도 있다. 두 경우 모두 일을 완전히 중단할 준비는 되어 있지 않다.

심리적으로 당신은 일을 좋아하고, 도전, 일상, 동료와의 사회적 연결을 좋아한다. 하지만 보다 쉬운 일 혹은 파트타임 업무로 전환하는 것에도 관심이 있을 것이다. 그리고 당신의 업무 분야에서 컨설팅이나 프리랜서로 전환할 수도 있다. 어쩌면 이것은 당신이 열정을 갖고 흥미 있는 일을 하면서 평생에 걸쳐 돈을 벌 기회를 제공하는 완전히 새로운 분야일 수도 있다. 그리고 상당수 사람들은 일정 수준으로 계속 일해야 하는 경제적 필요성이 있을 것이다. 60대까지 계속해서 돈을 버는 것이 노후의 재정 상황을 확고히 하는 가장 좋은 방법이다. 내가 권고하는 바는 은퇴 후 재정적 상황이 걱정된다면 최소한 70세까지는 계속해서 수입이 생기는 일을 하는 것을 목표로 삼아야 한다는 것이다.

오래 일한다는 것은 60대에 퇴직금을 손대지 않거나 작은 규모의 은퇴 자금만을 인출해도 된다는 것을 의미한다. 60대까지 계속 일하면 은퇴 자금 포트폴리오의 수명을 연장하여 90대까지 생활 자금을 확보할 수 있는 강력한 방법이다. 더 오래 일하면 70세가 될 때까지 사회보장 연금 수령을 연기할 수도 있다. 이것은 당신이 내릴 수 있는 가장 현명한 은퇴 관련 의사결정이 될 수 있다. 당신은 65세 이하의 나이에 은퇴했던 이전 세대보다 더 많은 은퇴 기간을 보내게 될 것이다. 그렇기 때문에 은퇴 시점을 이야기할 때 지금의 70세는 새로운 65세라고 말하는 것이다.

오래 산다고 가정하여 은퇴 전략을 수립하라

은퇴 전략에서 가장 중요한 요소는 기대수명이다. 75세에 사망하는 것이 확실하다면, 95세 혹은 100세까지 생존할 것으로 예상하는 경우와 투자 전략과 지출에 대해 다른 선택을 할 것이다. 만약 당신이 건강하다면 95세까지 ─ 더욱 안전하게는 100세까지 ─ 생존한다는 가정에 기초하여 은퇴 전략을 수립하기 바란다.

그렇게 오래 사는 걸 상상할 수 없다면? 당신이 100세까지 생존할 확률이 얼마나 높은지 알게 되면 크게 놀랄 것이다.

─ 평균적 건강 상태의 65세 여성이 90세까지 생존할 확률: 44%
─ 평균적 건강 상태의 65세 남성이 90세까지 생존할 확률: 33%
─ 결혼한 부부가 65세이고 건강 상태가 평균인 경우 부부 중 한 사람이 90세까지 생존할 확률: 62%

적은 확률이 아니다. 그리고 이것은 단지 '평균적인' 경우다. 건강한 상태로 60대 중반에 도달했다면 90대까지 살 확률은 훨씬 높다. 그리고 다시 주의 깊게 읽어 보라. 이것은 당신이 90세에 사망할 확률이 아니라 생존할 확률이다. 질병으로 수명 단축이 확실시된다면, 그것은 중요한 은퇴 계획의 고려 사항이다. 그러나 대부분의 사람들의 경우에 있어서는 장수를 가정하는 것이 합리적이다. 조언을 반복하자면, 최소한 95세까지 생존한다는 가정하에 계획을 수립하라.

60대, 은퇴 전후 5년, 당신이 해야 할 일

— 퇴직연금 계좌 운용에 대하여 의사결정한다

— 은퇴는 길다. 투자를 멈추지 않는다

— 사회보장연금 수령을 70세까지 연기한다

— 90세까지 생존한다고 가정한다

— 안전한 퇴직연금 지급 옵션을 선택한다

— 일시금으로 퇴직연금을 받고 싶은 유혹에서 벗어난다

— 메디케어 및 보충적 의료보험에 등록한다

— 은퇴 초기 약세장을 대비한 투자전략을 준비한다

퇴직연금 계좌 운용에 대하여 의사결정한다

현업 기간 중 직장을 여러 번 옮겼다면 퇴직연금 계좌도 여러 개가 있을 수 있다. 회사를 옮길 때 퇴직 계좌에 대해 어떤 조치를 하거나 여러 개의 계좌를 그대로 유지할 수 있다. 하지만 여러 계좌를 관리하는 것은 번거로울 수 있다.

기존 계좌를 유지할 것인지 아니면 하나의 계좌로 통합할 것인지에 대한 의사결정은 개인적인 상황, 재무 목표, 관리 편의성 수준에 따라 달라진다. 어떤 사람에게는 계좌 통합이 관리를 간소화하는 훌륭한 조치가 될 것이지만, 다른 사람은 기존 계좌를 그대로 유지하고 싶을 수 있다. 이것은 전부 혹은 전무의 결정이 아니다. 예를 들어 3개 직장을 다녔고 퇴직연금 계좌가 3개 있다고 가정해 보자. 그중 두 개를 통합 계정으로 옮기고 세 번째 계좌는 그대로 유지할 수도 있다.

퇴직연금 계좌 통합의 장점[1]

• **관리 편의성** 여러 개의 계좌에 은퇴 자금이 분산되어 있으면, 주식에 얼마를 투자하고 채권에 얼마를 투자할지, 투자에 대한 통합적 전략을 수립, 실행하는 것이 어려울 수 있다. 모든 계정을 하나로 통합하면 자산 배분을 추적하는 것이 훨씬 쉽다. 그리고 모든 계좌를 한곳에 모아두면 자금 인출 내역을 더 쉽게 추적할 수 있다.

• **잠재적인 비용 절감** 7장에서는 은퇴 자금을 투자하는 방법을 다룬다. 심층적으로 검토해야 할 핵심 요소 중 하나는 투자 관리 비용을 가능한 한 낮은 수준으로 유지하는 것이다. 수수료가 낮은 중개업체에 퇴직연금 계좌 자금을 이체하면 수수료가 낮은 인덱스펀드나 ETF에 투자

---

[1] 계좌 이전을 통해 하나의 연금 계좌로 통합했을 경우 장점은 크게 두 가지다. 우선 연간 수령할 연금 한도 관리가 간편해진다. 공제받은 금액과 운용 이익은 연금 수령 시 사적연금에 포함된다. 우리나라의 경우 연간 수령액이 1,500만 원을 초과하면 종합과세를 신고하거나 16.5%로 분리과세를 신청할 수 있다. 계좌별로 연금 개시를 하면 연금 수령 시기와 한도 조정 등 신경 쓸 부분이 많다. 연간 한도 금액을 초과하면 다른 소득과 합산해 세율이 정해지므로 세금 부담이 커질 수 있다. 한 계좌로 통합 관리하면 이런 리스크를 줄일 수 있다. 둘째로 수익률 관리가 쉬워진다. 개인연금 계좌의 경우 원금보장형 정기예금에서부터 국내외 펀드나 상장지수펀드(ETF) 등 투자 상품 선택지가 넓다. 그리고 계좌를 통합하면 한 계좌를 통해 자신의 연금이 어떤 금융 상품들로 운용되는지 한눈에 확인할 수 있다. 그러나 한편으로 계좌 가입 연도에 따라 연금 상품의 혜택과 조건이 달라 계좌 이전이 불가능할 수 있다. 따라서 계좌 이전을 실행하기 전 주거래 금융기관 연금 전문가와 상담한 뒤 진행하는 게 좋다.

할 수 있다. 실제로 피델리티는 수수료를 부과하지 않는 일련의 뮤추얼 펀드 상품을 보유하고 있다. 오랫동안 중소기업 종사자들의 경우 기존 퇴직연금 계좌 자금 운용 수수료가 통합 개인연금 계좌로 이체하거나 인덱스펀드나 ETF로 투자 관리하는 경우보다 수수료가 더 높을 수 있다는 점을 염두에 두어야 한다. 시간의 경과에 따라 최대 수천 달러까지 차이가 발생할 수 있다.

• **용이한 인출 관리** 모든 계좌를 한곳에 모아두면 인출 내역을 더 쉽게 추적할 수 있다. 현행 세법에 따라 1951년에서 1959년 사이에 출생한 사람은 73세가 되면 기존 401(k) 및 IRA에서 인출해야 한다. 출생 연도가 1960년 이후인 경우 RMD 개시 연령은 75세다. 계좌불입시 세금 감면 혜택을 받았으므로 일정 연령 이후에는 해당 금액에 대하여 세금을 징수하려는 것이다.

기존 퇴직연금 계좌 유지의 장점

• **저비용 투자 옵션** 대기업에서 일했다면 수수료가 낮은 펀드를 보유하고 있을 확률이 높다. 7장에서 설명하듯이 인덱스펀드와 ETF는 연간 0.10% 이하 수수료를 부과한다. 퇴직연금 계좌의 수수료가 낮으면 이체할 이유의 하나가 줄어든다.

• **안정적 투자 관리** 오랫동안 한 회사에서 일하면 자신의 투자 의사

결정 방식에 익숙해 있을 수 있고, 자신이 좋아하고 잘 이해하는 방식으로 투자하고 있을 것이다. 당신은 투자성과보고서 읽는 방법 그리고 누구와 상담해야 하는지 잘 알고 있다. 이것은 당신으로 하여금 안정감을 느끼게 한다. 아마도 퇴직연금 계좌를 다른 금융기관으로 이체하게 되면 처음부터 다시 투자 관련 의사결정과 관리를 시작해야 하게 될까 두려울 수 있다. 그리고 퇴직연금 계좌에 꽤 큰 규모의 자금을 관리하고 있다면 당신이 이미 알고 있는 것을 유지하는 것이 편할 수 있다.

• 보호 장치 401(k)에는 귀중한 보호 장치가 내장되어 있다. 연방법에 따라 401(k)은 사용자의 이익을 최우선으로 고려하여 운영되어야 한다. 금융 용어로 모든 401(k)은 신탁 표준을 따른다. 이것은 매우 중요하다. 하지만 일단 자금을 다른 계좌로 이체하면 모든 것을 혼자서 관리해야 한다. 그리고 은퇴 후 투자 관리를 도와줄 사람을 고용하는 경우, 그 사람이 반드시 여러분의 최선의 이익을 염두에 두지 않을 수도 있다는 점을 이해해야 한다. 물론 일부는 그럴 수도 있지만, 대부분은 그렇지 않을 것이다.

8장에서는 도움이 되는 재무 자문가를 찾는 방법을 다룬다. 일단 여기에서는 당신을 위한 최선의 이익이 아니라 막대한 수수료를 얻고자 투자를 유도하는 나쁜 사람도 있다는 점만 이해하기를 바란다. 나쁜 행위의 가장 눈에 띄는 사례는 퇴직연금 계좌의 자금을 인출하여 은퇴를 위한 좋은 투자 수단이라고 광고되는 값비싼 보험 상품을 구입하도록 제안하는 사람들이다. 대부분의 경우 이것은 당신에게 유리하지 않다. 이러한 거래로 거액의 수수료를 얻을 수 있는 판매인에게만 유리하다. 한편으로 높은 수수료를 부과하는 뮤추얼펀드로 당신을 안내하여 돈을 버는 재정자문도 있다. 이것은 당신에게 최선의 이익이 되지 못한다. 이는 은퇴 기간 20~30년 동안 수만 달러의 수익의 차이를 가져올 수도 있다. 몇 년 전 연방 당국은 이렇게 '이해 상충되는' 자문으로 인해 은퇴자들이 연간 170억 달러의 추가 수수료를 지불하고 있다고 추정하는 보고서를 발표한 바 있다.

8장에서 설명하듯이 은퇴 재무의 모든 문제를 하나로 모으는 데 도움을 줄 수 있는 훌륭한 재정자문에게서 컨설팅을 받는 것은 현명한 결정이 될 수 있다. 그러나 금융상품 판매 수수료로 돈을 벌지 않고 수수료가 낮은 인덱스펀드와 ETF에 투자하는 포트폴리오를 추천하는 전문가를 고용하는 경우에만 그렇다.

은퇴가 가까워지고 누군가가 무엇을 당신에게 제안한다면 속도를 한 템포 늦추는 것이 좋다. 이해하지 못하는 일을 하는 것보다는 아무것도 하지 않는 것이 훨씬 낫다. 이것이 무엇을 하고 싶은지 명확해질 때까지 퇴직연금 계좌에 자금을 그대로 두는 것을 의미한다면, 아무것도 하지 않는 것이 현명한 조치가 된다. 결론은 퇴직연금 계좌의 이체는 큰 장점이 있을 수 있지만, 서두르지 말라는 것이다.

IRP 계좌 이체 메커니즘

퇴직 계좌를 하나의 지붕 아래로 옮기기로 결정했다면 먼저 이체 계좌를 만들어야 한다. 퇴직연금 계좌의 자금을 이전 고용주로부터 IRP계좌로 옮기는 가장 좋은 방법은 '기업 간 이체'를 이용하는 것이다. 이것이 의미하는 바는 당신의 고용주와 IRP계좌 금융기관이 서로 직접 협력한다는 것이다. 금융기관은 당신의 고용주에게 연락하여 퇴직연금 계좌 자금이 당신의 IRP 계좌로 직접 이체되도록 주선할 것이다. 당신은 결코 그 돈을 물리적으로 소유해서는 안 된다. 즉, 당신이 직접 퇴직연금 계좌에서 자금을 인출한 후 IRP계좌로 이체하지 말라는 것이다.

은퇴는 길다. 투자를 멈추지 않는다

은퇴하면 더 이상 투자 위험을 감당할 여유가 없다고 생각하는 경향이 있다. 물론 확실히 35세나 45세 때보다 보수적이겠지만, 대부분의 경우 은퇴 자금의 일부를 주식시장에 투자하는 것이 여전히 합리적이다.

7장에서는 주식이 왜 중요한지 설명하고(스포일러 경고: 인플레이션!) 주식에 얼마나 투자해야 할지 결정하는 몇 가지 전략을 공유하고자 한다. 나는 당신이 은퇴하는 그 해는 당신에게 큰 문제이지만, 투자전략에 있어서는 큰 문제가 되지 않도록 해야 한다고 조언한다. 당신은 은퇴하지만, 포트폴리오는 계속되어야 한다. 포트폴리오는 여전히 25년 이상 당신을 위해 작동해야 한다.

▌사회보장연금 수령을
▌70세까지 연기한다

　당신이 60대이고 아직 사회보장을 청구하지 않았다면 정말 다행이다! 3장에서 다뤘듯이 많은 사람이 연금 수령을 늦추는 것이 현명한 조치라는 것은 알지만, 대부분 기다리지 않는다. 그리고 이제 당신은 이에 대한 의사결정을 해야 하는 어려운 나이가 되었다. 왜냐하면 일단 62세가 되면 사회보장 급부를 받을 수 있다는 것을 알기 때문이다. 실제로 62세부터 사회보장 혜택을 받기 시작할 수 있지만, 62세에 받을 수 있는 연금 수령액은 70세까지 기다리는 것보다 훨씬 적다. 사회보장연금 수령을 70세까지 연기하는 것은 은퇴를 위해 할 수 있는 최고의 투자다. 기혼인 경우, 소득이 가장 더 많은 배우자(따라서 더 높은 혜택을 받게 됨)가 70세가 될 때까지 기다리는 것이 목표여야 한다.

사회보장연금 관련 연령[2]

사회보장을 최대한 활용하려면 연금 혜택을 결정하는 세 가지 주요 연령 간의 관계를 이해해야 한다.

- **완전 은퇴 연령(FRA)** 근로 급여의 100%를 수령할 수 있는 연령을 말한다. 1960년 이후 출생자는 모두 67세에 FRA를 적용받는다. 1955년에서 1960년 사이에 태어난 경우는 66세에서 67세 사이, 1943년에서 1954년 사이에 태어난 경우는 66세다.
- **62세** 사회보장연금 혜택을 수령할 수 있는 최연소 연령이다. 62세에 수령을 신청하면 완전 은퇴 연령까지 기다렸을 때 받을 수 있는 혜택보다 25%에서 30% 적은 금액이 지급된다.
- **70세** 연령은 가능한 가장 높은 사회보장연금 혜택을 받을 수 있는 연령이다. 70세에 수령을 시작하면 연금 수령액은 완전 은퇴 연령 수령

---

[2] 우리나라의 국민연금의 조기연금과 연기연금: 국민연금 의무가입 대상은 "소득이 있는 18세 이상 60세 미만의 국민"으로 만 60세까지 연금을 납부한다. 물론 임의가입과 임의계속가입 제도로 그 이전과 이후에도 별도 신청에 의해 국민연금 가입은 가능하다. 노령연금 수령 연령은 FRA 기준으로 1952년생까지는 60세, 1957~1960년은 61세, 1961~1964년은 63세, 1965~1968년은 64세, 그 이후 출생자는 만 65세다. 일정 금액 이상의 소득 활동을 하지 않는 경우, 최대 5년까지 조기 수령할 수 있지만, 1년마다 6%씩 수령액이 감액된다. 연기연금은 노령연금 수급자가 희망하는 경우 1회에 한해 최대 5년까지 연기 가능한 제도이다. 최초 노령연금 신청 시 또는 연금을 수령하는 동안(61~65세) 신청 가능하며, 연기하는 매 1개월마다 기본 연금액의 0.6%(연 7.2%)가산된 금액을 지급받을 수 있다. 국민연금 수령 시기를 결정할 때는 가장 기준이 되는 것은 소득의 크기이다. 소득공백기를 버텨낼 재정이 없으면 조기 수령을 하는 게 좋은 방법이다. 반대의 경우 소득이 많은 경우는 수령기간을 늦춰서 신청하는 것도 고려해봐야 한다. 추가로 고민해봐야 하는 것은 건강 상태와 수명이다. 오래 산다는 보장만 있으면 제때 개시하거나 국민연금 수령을 늦추는 게 유리할 수 있다. 반대로 건강 상태가 좋지 않고 일찍 사망할 것 같으면 조기 수령해야 한다. 하지만 누구도 몇 세까지 살지 알 수 없다는 문제가 있다.

액보다 24%에서 32% 더 많아진다.[3]

조기 청구에 따른 높은 비용

70세에 수령하는 혜택은 62세에 수령하는 혜택보다 76% 더 높다. 이것은 8년 동안 연평균 7% 이상의 혜택 증가를 의미한다. 연 7%에 가까운 수익을 보장하는 투자는 없다. 물론 주식에 투자할 수는 있지만, 8년 동안 연 7% 이상의 수익을 얻을 수 있다는 보장은 없다. 심지어 손실을 볼 수도 있다. 5년 만기 은행 정기예금은 수익을 보장하지만, 2023년 초에 이 글을 쓰고 있는 현재 가장 좋은 상품도 국채와 마찬가지로 5% 미만의 이자를 지급한다.

내 생각으로는 사회보장연금이 보장하는 수익을 포기하는 것은 미친 짓이다. 인내심을 가지고 기다리면 약속한 바를 지급한다. 다만 한 가지 중요한 주의 사항이 있다면, 수명을 단축시킬 수 있는 심각한 질병이 있는 경우에는 조기연금을 신청하는 것이 합리적일 수 있다는 것이다. 그러나 아래에서 설명하는 것처럼 기혼인 경우에는 연금 수령을 늦추는 것이 생존 배우자에게 최대한의 연금 혜택을 보장한다.

---

[3] 우리나라 국민연금은 '재직자 노령연금 감액 제도'를 통해 퇴직 후 생계 때문에 다시 일을 해서 일정 기준 이상(2023년 기준 월 약 286만 원) 주 소득이 생기면 소득액에 비례해 노령연금을 감액하고 있다. 삭감액은 적게는 10원부터 많게는 100만 원이 넘는다. 단 삭감 상한선은 노령연금의 50%로 규정하고 있다. 이 같은 노령연금 감액 제도를 두고 "노후에 생계를 위해 일하는데 연금마저 깎이는 것은 문제"라는 지적이 이어지고 있다.

90세까지
생존한다고 가정한다

'하지만 수즈, 나는 70세가 되기 전에 죽을 수도 있어'라고 생각하는 분들도 있을 거라는 걸 알고 있다. 어떤 생각인지는 이해하지만 사랑으로 말씀드린다. 잘못된 생각이다.

당신의 초점은 아주 오래 살 경우에도 은퇴 자금이 고갈되지 않도록 하는 의사결정에 집중되어야 한다. 솔직히 말해서 70세에 사망한다면 은퇴 설계는 필요 없을 수 있다. 문제는 훨씬 더 오래 사는 경우이다. 앞서 공유한 것처럼 65세 노인이 90세까지 생존할 확률은 꽤 높다.

그리고 조기 수령을 시작하지 않으면 돈이 남지 않을 것이라고 생각해서 평생 혜택이라는 관점에서 이 문제를 바라보는 사람들도 있다는 것을 알고 있다. 하지만 그런 것에 초점을 맞춰서는 안 된다. 긴 수명을 위한 추가 수입이 여러분의 관심을 집중시켜야 한다.

하지만 평생 혜택 옵션에 집착하는 분들을 위해 이 시나리오와 그것이 잘못된 계산일 수 있는 이유를 설명해 보겠다. 62세부터 연금 수령을 시작하는 것이 좋은 것처럼 보일 수 있다. 62세부터 70세까지 모으는 돈은 70세까지 기다렸다가 시작하면 절대적으로 '보충'할 수 없는 돈이라고 생각하기 때문이다. 하지만 이 계획이 역효과를 낼 수 있다. 70세까지 기다렸다가 훨씬 더 높은 혜택을 받기 시작하면 62세부터 낮은 혜택을 받기 시작했을 때와 마찬가지로 평생 혜택을 받을 수 있다. 이미 여러 번 지적했듯이 우리 세대는 90대까지 생존할 가능성이 매우 높다. 따라서 늦추는 것이 좋다.

나의 어머니는 97세까지 살았고, 어머니의 두 자매는 90대 중반까지 살았다. 부모님이 모두 60대에 돌아가셨기 때문에 세 자매는 자신들이 결코 80세를 넘어서는 살 수 없을 것이라고 확신했었다. 그분들이 생각했던 일은 일어나지 않았다. 당신은 부모님보다 훨씬 더 오래 살 수 있다는 가능성을 생각해야 한다.

연금 수령을 연기하면 생존 배우자에게 도움이 된다[4]

기혼인 경우, 가장 소득이 높은 배우자가 70세까지 기다렸다가 연금 수령을 시작하도록 은퇴 계획을 수립해야 한다. 이해해야 할 중요한 점은 부부 중 한 명이 사망하면 생존 배우자는 자신의 혜택을 유지하거나 사망한 배우자의 혜택으로 전환하여 단 하나의 연금 혜택만 받을 수 있다는 것이다. 두 개의 혜택이 아닌 하나의 혜택을 받으면 생존 배우자의 소득은 감소한다. 70세까지 부부 중 고소득자 기준으로 연금을 받는 경우, 생존 배우자가 가능한 가장 높은 연금을 받게 된다. 참고로 현재 62세인 부부의 경우 배우자 한 사람이 80대 초반까지 생존할 확률은 90%이다.

---

[4] 우리나라의 유족연금: 국민연금 가입자 및 수급자가 사망했을 시 유족에게 지급되는 국민연금을 '유족연금'이라고 한다. 유족연금은 기본연금액에 가입 기간에 따라 40~60%의 일정률에 부양가족 연금액을 합산하여 지급된다. 부부의 문제로 생각해 보면 부부가 국민연금을 수령 중에 배우자가 사망한다면 배우자의 줄어든 연금을 수령할 것인지, 본인의 노령연금 + 유족연금의 30%를 수령할 것인지 선택해야 한다. 이것을 '국민연금 중복 급여의 조정'이라고 한다.

이혼한 경우의 연금 청구[5]

결혼한 지 10년 이상 되었다면 이전 배우자의 소득에 따라 연금 혜택을 받을 수 있다. 이전 배우자가 재혼했는지는 중요하지 않다. 하지만 당사자가 재혼한 경우에는 혜택을 받을 수 없다. 또한 62세 이상이어야 하며, 전 배우자의 소득에 따른 연금 급여를 받을 수 있는 금액이 본인 소득에 따라 받을 수 있는 금액보다 많아야 한다. 이혼을 고려하고 있으며 이혼한 지 10년까지 얼마 남지 않았다면, 조금 더 기다린 후 이혼하는 것이 좋다.

은퇴했어도 가능하다면 사회보장연금 수령을 연기한다

지금쯤이면 적어도 70세가 될 때까지 계속 일하는 것이 현명하다는 것을 알게 되었을 것이다. 사회보장연금 개시 시기를 연기할 수 있다는 것은 60대에 일하는 경우 얻을 수 있는 가장 큰 이점 중 하나다. 하지만 계속 일하지 못할 수도 있다. 건강 문제가 있을 수 있고, 해고 당할 수도 있다. 어쩌면 노부모의 간병을 책임져야 할 수도 있다.

60대까지 계속 일할 수 없더라도 가능하다면 사회보장연금 수령 개

---

[5] **이혼에 따른 국민 연금 분할 청구**: 우리나라의 국민연금법은 분할 연금이라는 제도를 규정하고 있다. 실질적 혼인 기간이 5년 이상인 부부가 이혼하면, 전 배우자의 국민연금을 나눠 달라고 청구할 수 있다. 실질적 혼인 기간 중 형성된 연금이 분할 대상이고, 그 절반을 달라고 청구할 수 있다. 분할연금을 수령하기 위해서는 전 배우자가 연금 수령 자격이 있어야 하며, 연금 수령 연령에 도달하여야 하며, 분할연금이 발생한 시점으로부터 3년 이내에 청구해야 한다.

시를 미루는 것이 좋다. 그리고 은퇴 자금을 충분히 확보했다면 연금 개시를 늦출 수도 있다. 60대에 다른 개인연금을 수령하는 것이 사회보장연금 수령을 개시하는 것보다 재정적으로 더 나은 선택이 될 수 있다.

다시 한번 분명히 말한다. 가능한 한 오랫동안 일하는 것이 항상 최선의 방법이 될 것이다. 그러나 62세, 65세, 67세에 이르러 더 이상 일하는 것이 어렵다고 생각한다면, 그래도 70세까지 사회보장연금 수령을 연기하고 다른 재원으로 생활할 수 있는 현명한 방법을 고려해 보라.

62세 조기연금 수령의 사례를 살펴보면, 8년 동안 매월 1,450달러를 스스로 지불해야 한다. 이것은 거의 140,000달러다. 적금이 있다면 매달 이 금액을 활용하는 것이 좋다. 정말 필요하다면 매년 인플레이션을 고려하여 조정할 수 있다. 두 계좌의 8년 동안 적립할 수 있는 금액이 차이가 있기 때문에 조기연금 수령 말고 보유하고 있는 자금을 사용하는 것이 좋다. 최근 안전 저축에 있는 돈은 3% 이하의 수익을 올리고 있으며 단기 채권 펀드에 있는 돈은 3.5%에서 4.5%의 수익을 내고 있다. 이것은 62세에서 70세 사이에 연금 수령을 연기하여 얻을 수 있는 금액보다 훨씬 적은 금액이다. 기억하라. 62세에서 70세 사이에는 연금 혜택이 76% 증가한다.

연금 혜택 삭감에 대해 염려하지 말라

향후 12년 이내에 사회보장이 현재 약속된 수준의 혜택을 계속 지급할 수 있는 자금이 고갈될 것이라는 사실을 잘 알고 있을 것이다. 사회보장 혜택을 줄이려는 시도가 있다는 것도 잘 알고 있을 것이다. 사회보장이 파산할 것이라는 공포 조장으로 인해 혜택이 줄어들기 전에 최대한 빨리 수령해야 한다고 생각할 수도 있다.

이러한 우려를 이해하지 못하는 것은 아니지만, 몇 가지 사실을 알려주고자 한다.

- Fact 1: 사회보장은 파산하지 않는다. 파산은 누구에게도 한 푼도 지급되지 않는다는 것을 의미한다. 그런 일은 일어나지 않을 것이다. 사회보장의 현금흐름에는 물론 문제가 있다. 향후 연금을 납부하는 근로자의 수만으로는 수령을 요구하는 고령 베이비붐 세대에게 약속된 모든 혜택을 지급하기에 충분하지 않다. 의회가 아무것도 하지 않으면 2035년부터 부족분을 충당하기 위해 연금 급여를 약 20% 삭감해야 한다. 물론 20%는 매우 큰 삭감이지만, 100%는 아니다.

- Fact 2: 현금흐름 격차를 해결할 수 있는 합리적인 방법이 있다. 예를 들어 근로자는 급여공제 또는 임의가입을 통해 연금을 납부한다. 과세되는 연간 소득에는 상한선이 있다. 2020년에는 그 상한선이 162,200달러였다. 이 제도는 미국 내 소득의 90%를 포착하도록 설계되었지만, 소득 불평등으로 인해 고소득자는 소득의 점점 더 적은 부분(비율)을 연금으로 납부하고 있다. 전반적으로 이 제도는 현재 전체 근로 소득의 85% 미만을 과세하고 있다. 근로소득의 90%를 다시 포착할 수 있도록 한도를 조정하면 이러한 부족분을 해결하는 데 큰 도움이 될 수 있다.

- Fact 3: 50세 이상에게는 큰 영향을 미치지 않을 것이다. 사회보장

제도의 조정이 필요한 것은 이번이 처음이 아니다. 40년 전 초당파적 위원회는 임박한 현금흐름 문제를 해결하기 위해 여러 가지 변화를 시도했다. 누구도 부당한 영향을 받지 않도록 단계적으로 변화를 적용하는 데 주의를 기울였다.

예를 들어 전체 혜택을 받을 수 있는 은퇴 연령을 65세에서 현재 최대 67세로 올렸는데, 이것은 대부분 수명 연장에 따른 변화였다. 40년이 지난 지금 65세의 수명은 더 길어졌다. 현금흐름 문제를 해결하기 위해 정상 연금 수령 연령이 다시 높아진다고 해도 놀라지 않을 것이다.

하지만 다시 한번 이야기하고 싶은 것은 정상 연금 수령 연령의 잠재적인 변화가 지금의 50대나 60대에게 영향을 미치지는 않을 것이라는 점이다. 1983년에 연금 수령 연령이 변경되었을 때, 개혁 당시 46세 이상이었던 사람은 영향을 받지 않았다. 그들의 은퇴 연령은 65세로 유지되었다. 현재 연금 수령 연령이 67세인 사람들은 은퇴 연령이 65세에서 67세로 높아졌을 때 23세 이하였다.

이것은 우리가 명심해야 할 중요한 선례라고 생각한다. 오늘날의 워싱턴이 어떻게 될지 아무도 장담할 수 없다. 하지만 사회보장이 대부분의 미국인에게 기초적인 은퇴 소득원이기 때문에 의회가 은퇴를 앞둔 사람들의 혜택을 크게 줄이기로 결정하는 것은 상상하기 어렵다.

다만 사회보장연금 수령 개시 시기를 늦추는 것의 놀라운 가치를 염두에 두었으면 한다. 여러 각도에서 고려할 수 있다. 예를 들어 부부의 경우 혜택이 더 낮은 배우자를 위해 다른 청구 옵션을 모색할 수 있다.

고려해야 할 사항이 많기 때문에 전문가의 조언을 받는 것은 가치 있는 투자가 될 수 있다. 8장에서 설명했듯이 평판이 좋은 재무 자문가를 프로젝트 또는 시간 단위로 고용할 수 있으며, 사회 보장 전략을 세우는 것은 비용을 지불할 만한 가치가 있다.

일을 계속하고 싶지 않아서 70세까지 기다릴 수 있을지 확신이 서지 않는다면 재무 자문가가 60대에 어떤 은퇴 자산을 우선적으로 사용하는 것이 좋은지 고려하는 데 도움을 줄 수도 있다. 또한 온라인에서 제공되는 서비스를 통해 자신의 수치를 분석하고 최상의 연금 수령 전략을 수립할 수도 있다.

안전한 퇴직연금 지급 옵션을 선택한다

1980년대 초에 401(k)이 출시된 이후 많은 민간 부문 사업주들은 전통적 퇴직연금을 중단하고 신입에게는 401(k) 저축 옵션만 제공하고 있다. 하지만 적지 않은 사람들은 연금이 더 인기가 있었던 70년대와 80년대에 연금을 가지고 있다. 그리고 공공부문에서 종사한 해당 분야 연금을 가지고 있을 가능성이 높다.

기존 연금 가입자들은 여러 가지 중요한 결정을 내려야 한다. 표준 시스템은 급여와 근무 연수를 고려한 공식에 따라 매월 정해진 연금을 받는 것이다. 이 부분은 플랜에 의해 정해지며, 가입자가 결정할 필요가 없다.

결혼한 경우, 선택이 시작된다. 일생 동안에만 연금을 지급 받도록 선택할 수도 있고, 배우자보다 먼저 사망한 경우에도 연금을 계속 지급 받도록 선택할 수도 있다. 생존 배우자에 대한 지급을 계속하기로 선택한 경우, 지급액 규모도 결정해야 한다. 이것은 살아 있는 동안 받는 지급금 규모에 영향을 미친다.

일부 연금 플랜에는 매력적인 일시금 옵션이 포함되어 있다. 매월 지급이 보장되는 연금 대신 일시불로 수령한 후 개인연금 계좌로 이월하여 관리할 수 있다. 일부 플랜에서는 두 가지를 혼합할 수 있다. 일시불로 일부 수령하고 나머지는 매월 연금으로 받을 수도 있다.

다음은 연금에 대해 고려해야 할 전략이다.

① 생활비로 필요한 경우 월 지급을 선택한다

월 지급 연금은 은퇴 소득이 보장된다. 매월 얼마를 받을지 정확히 알 수 있다. 주식시장이 30% 하락해도 연금 수령액은 보장된다. 이것은 연금을 필수 생활비로 사용하려는 사람들에게 반드시 필요한 것이다.

② 결혼한 경우 100% 공동 연금 및 유족연금을 선택한다

회사에서 매월 지급되는 연금을 선택할 때는 먼저 '종신 전용' 또는 '공동 및 유족'으로 지급 여부를 선택해야 한다. 종신 전용 보험을 선택하면 사망 시 지급이 중단된다. 생존 배우자가 있다면 재정적으로 어려움을 겪게 될 수 있다.

주의해야 할 것은 배우자가 사망하면 유족은 연금 혜택이 하나만 남게 되므로 이미 소득 감소에 직면하게 된다는 것이다. 배우자가 편안하게 생활하기 위해 소득이 필요하다면 반드시 공동 및 유족 옵션을 선택해야 한다.

공동 및 유족 옵션을 선택할 때는 유족 보험금의 규모도 결정해야 한다. 일반적으로 유족 보험금은 생존 시 보험금의 100%, 75% 또는 50% 중에서 선택할 수 있다.

종신만 선택하면 생존 기간 동안의 월 보험금이 더 높아진다. 75% 혜택보다 50% 유족 보험금을 선택하면 더 높은 보험금을 받을 수 있다. 그리고 75% 혜택은 100% 혜택보다 더 높다.

지금 당장 더 높은 보험금을 받고 싶을 수도 있지만, 이런 실수는 하지 않아야 한다. 오늘 가장 높은 혜택을 받는 것이 중요한 것이 아니다. 배우자가 건강하다면 무슨 일이 있어도 100% 옵션을 선택해야 한다고 강력히 권고한다. 배우자의 건강 상태가 심각하여 수명이 단축될 것으로 예상되는 경우, 몇 년 내에 본인이 생존 배우자가 될 것으로 예상되는 경우 더 낮은 비율을 고려할 수 있다. 하지만 여기에는 매우 신중해야 한다. 계획과 다르게 상황이 전개될 경우의 결과를 확실히 이해해야 한다. 내가 먼저 사망하는 경우, 배우자가 편안하게 생활할 수 있는 충분한 수입을 얻을 수 있을까 하는 것을 깊이 생각해야 한다.

부부의 경우 은퇴 계획은 생존 배우자의 재정 상황을 가장 원활하게 보장하기 위해 할 수 있는 모든 일을 하는 것이다. 다시 한번 강력히 추천하는 것은 배우자가 생존할 가능성이 있다면 100% 지급 옵션을 선택하는 것이 좋다.

정기보험 상품 가입을 목적으로 종신 옵션을 선택하지 말라[6]

많은 부부가 나를 찾아와 본인 사망 시 연금 지급이 중단되는 옵션을 선택한 후 생존 배우자를 위해 종신보험에 가입하는 것이 좋은 전략인지 묻곤 한다. 아니다. 좋은 선택이 아니다. 물론 본인 사망 시 연금이 중단되는 옵션을 선택하면 부부 공동 혹은 유족연금의 경우보다 더 많은 월 지급 연금을 수령할 수 있다. 그래서 연금을 받는 배우자가 먼저 사망할 경우, 생존 배우자를 위해 정기보험을 구입하고자 하는 마음이 이해는 된다. 정기보험이 상대적으로 보험료가 저렴하다는 점을 감안할 때 월 지불금이 더 많은 옵션을 선택하고 그 비용의 일부를 정기보험에 사용하는 것보다 더 좋을 것이라고 생각할 수는 있다.

하지만 이 전략에는 큰 결함이 있다. 나는 정기보험을 좋아한다. 하지만 이 상황에는 맞지 않는다. 정기보험은 정해진 기간 동안만 유효하다. 그러면 정기보험이 만료된 후 사망하면 어떻게 되는가? 이 경우 배우자는 의지할 수 있는 보험 상품이 없다. 배우자에게 어떤 혜택도 남기지 않는 연금을 선택하려면 종신보험이 필요하다. 그리고 종신보험의 보험료는 정기보험보다 훨씬 높다. 연금에서 더 낮은 혜택을 주는 100% 공동 및 유족연금을 선택하고 다른 생명보험을 가입하지 않는 것이 더 낫다.

---

[6] 생존 배우자를 위한 사망보험금을 확보하는 전략 중 정기보험은 정해진 기간(만기) 동안 보장을 받는 보험으로 종신보험보다는 저렴하게 가입할 수 있는 장점이 있지만, 정해진 기간(만기)이 지나면 보장을 받을 수 없다는 단점도 있다. 일반적으로 정기보험은 순수보장성보험으로 해약환급금도 거의 없는 구조로 설계되어 있다.

퇴직연금을 일시금으로
수령하고자 하는 유혹을 피한다

　퇴직연금 수령 시 일시불 옵션을 선택하여, 이를 개인퇴직연금 계좌에 이체한 다음, 그 자금으로 연금 상품을 구입하라고 말하는 사람의 말을 절대로 듣지 말라. 퇴직연금을 통해 지급되는 연금은 직접 구입하는 연금보험 상품보다 훨씬 좋은 혜택을 제공한다. 연금 상품을 직접 구입하면 수수료가 부과된다. 수수료는 그것이 좋은 선택이라고 이야기했던 바로 그 사람에게 지급된다.

　그리고 연금으로 받을 수 있는 것보다 더 나은 연금보험 상품이 있다는 것을 말하는 교활한 영업 전술에 속지 말라. 은퇴 후 고정적 생활비가 필요하다면 당신에게 필요한 것은 퇴직연금이 제공하는 연금이다. 이것은 낮은 관리 비용으로 평생소득을 보장하는 기본형 연금이다. 더 높은 수익을 약속하며 판매되는 모든 보험 상품에는 두 가지 잠재적인 문제가 있다. 더 나은 결과는 '보장'되지 않으며, 영업 사원에게 수수료가 지급될 가능성이 높다.

은퇴 생활비가 해결되는 경우에는 일시불 수령이 의미 있을 수 있다

　현명한 은퇴 소득 전략은 연금으로 기본적인 생활비를 충당할 수 있도록 하는 것이다. 사회보장연금은 고정적 소득원이다. 월 지급식 연금도 마찬가지다. 이렇게 고정적으로 수령하는 연금 총액이 은퇴 생활비에 필요한 금액보다 많다면, 굳이 연금을 월 지급식으로 받을 필요가 없을 수도 있다. 기혼이며 부부 모두 연금을 보유하고 있는 경우, 가족 중 한 사람의 연금으로 충분하다고 판단할 수도 있다. 그래서 별도의 은퇴 자금이 필요하지 않고 상속을 남기고 싶은 경우라면, 일시금을 받는 것을 고려할 수도 있다.

일시금 수령은 월 지급보다 위험하다

반복해서 이야기하지만 월 지급 연금은 보장된 소득이다. 한편 일시불로 받고 그 돈으로 투자하면 아무것도 보장되지 않는다. 현금과 채권에 투자하더라도 어느 정도 위험을 감수해야 한다. 이자율이 하락하면 소득도 하락한다. 그리고 당신의 의도가 일시불 지급액의 일부를 주식에 투자하는 것이라면 훨씬 더 큰 위험을 감수해야 할 것이다.

물론 감수할 가치가 있는 위험일 수도 있다. 또한 당장 그 돈이 필요하지 않은 상황이라면 상속을 위해 유산을 쌓고 일시금을 받아 투자하는 것이 좋을 수도 있다. 하지만 생활비를 충당하기 위해 투자하려는 의도라면 이 전략을 권장하지 않는다. 보장된 월 지급을 고수하는 연금이 더 현명하다.

여러분이 고려해야 할 또 다른 위험이 있다. 투자 포트폴리오를 위해서는 상황을 항상 파악하고 있어야 한다. 나이가 들면 하기 싫거나 어려운 일이 될 수도 있다. 솔직하게 말하자면 68세에는 할 수 있지만, 88세에는 할 수 없는 일일 수도 있다. 치매, 알츠하이머 또는 나이에 따른 인지 저하를 은퇴 계획에서 고려해야 한다. 월 지급식 연금은 이러한 위험을 피할 수 있는 현명한 방법이다. 월 지급식 연금으로 수령하면 당신은 아무런 관리가 필요 없으며, 나쁜 행위자가 당신의 자금에 접근할 방법은 없다. 노인들의 재정적 학대는 매우 슬프지만 매우 현실적인 문제다.

경우에 따라 부분적 일시불 연금 수령이 좋은 절충안이 될 수 있다

부분적 일시불 수령인이 허용되는지 고용주에게 문의해 보라. 일시불로 수령하는 돈은 당신이 관리하지만, 월 지급식 연금으로 지급되는 일부 자금도 남겨서 보장된 월 소득 흐름을 창출할 수 있다. 60대까지 계속 일할 수 없거나 일할 의향이 없다면, 사회보장연금 수령을 시작하는 대신 70세가 되기 전에 부분적 일시금으로 받을 수 있다. 일시불로 인해 월별 연금 지급액은 전체 금액에 대해 연금을 받는 경우보다 적지만, 당신의 상황에 따라 적절한 절충안이 될 수 있다.

일시금으로 받는 경우, 당신의 자금이 관리인 간 당신의 은퇴 계좌로 직접 이체되도록 해야 한다. 일시금을 당신의 개인 은행 계좌로 직접 입금되지 않도록 해야 한다. 지침을 따르지 않으면 당신에게 의도치 않은 세금이 부과될 수 있다.[7]

---

[7] 우리나라의 퇴직연금 수령 방법: 우선 퇴직연금을 받으려면 금융기관에서 IRP 통장을 개설해야 한다. 만 55세 이상 또는 퇴직금이 300만 원 이하가 아니라면 이 계좌로만 퇴직금 수령이 가능하다. IRP계좌는 은행 방문도 가능하지만, 온라인(모바일)로도 가능하다. 수령은 일시금이나 연금 둘 중 하나를 선택하면 된다. 다만 일시금으로 수령할 시에는 퇴직소득세를 납부해야 하며, 연금으로 수령할 시에는 퇴직소득세의 70%를 분할 납부하게 된다. 그리고 나머지 30%는 할인을 받을 수 있다.

메디케어 및 보충 보험을 등록한다

메디케어는 광범위한 의료보장을 제공한다. 그러나 나는 메디케어에 등록하면 의료비에 대해서는 걱정할 필요가 없다는 너무나 널리 퍼져 있는 통념을 불식시키고 싶다. 당신은 오리지널 메디케어(original Medicare) 또는 메디케어 어드밴티지(Medicare Advantage) 두 가지 메디케어 유형 중에서 선택해야 한다.

오리지널 메디케어는 어디서, 누구에게 진료 받을 수 있는지에 대하여 가장 큰 유연성을 제공한다. 메디케어의 한 부분인 파트 B는 기본 월 보험료가 있으며, 오리지널 메디케어에 등록한 경우 병원 외래 진료비의 80%를 지불하며 나머지 20%가 자부담이다. 이 20%를 충당하는 안전한 방법은 별도의 보충 보험을 구입하는 것이다. 좋은 메디갭(Medigap) 보험의 월 비용은 1인당 100~300달러 이상이 될 수 있다. 오리지널 메디케어의 기본 보장에는 처방약이 포함되지 않는다. 당신은 해당 보장에 대해 추가 비용을 지불해야 하며 약품의 종류에 따라 자기부담금을 지불할 수 있다.

메디케어 어드밴티지는 별도의 메디갭 보험을 구입할 필요가 없으며, 심지어 허용되지도 않는다. 처방약은 일반적으로 보장에 포함된다. 그렇지만 메디케어 어드밴티지를 이용하면 합산 가능한 치료가 필요할 때는 자기부담금이 있다. 메디케어 어드밴티지의 견고한 메디갭 보험은 치료가 필요할 때 본인부담금이 없음을 의미한다.

은퇴 초기 약세장을 대비한
투자전략을 준비한다

당신은 이미 하락장이 낯설지는 않을 것이다. 1970년 이후 S&P 500 지수가 최소 20% 하락한 경우는 여덟 번 있었다. 인내심이 결실을 맺는다는 것을 배웠을 것을 기대한다. 일반적으로 주식이 약세장 손실을 회복하는 데는 몇 년밖에 걸리지 않았다. 금세기의 심각한 하락장에서도 S&P 500에 투자한 1만 달러는 2023년 초에 4만 2천 달러의 가치가 있었다. 그 돈을 은행에 예치했다면 겨우 1만 4천 2백 달러가 되었을 것이다.

당신은 향후 25~30년 동안 계속될 은퇴 기간 동안 몇 번 더 겪을 확률은 상당히 높다. 하락장에 대한 경험이 아무리 풍부하더라도 은퇴가 다가오거나 은퇴 초기에는 알아야 할 새로운 위험이 있다. 은퇴 후 처음 5년 정도에 약세장이 계속되면[8] 투자 포트폴리오는 심각한 문제가 발생할 가능성이 높다. 하락장 손실로 인해 이미 하락한 포트폴리오에서 은퇴 초기에 자금을 인출하면 이후 은퇴 생활은 많이 어려워질 수 있다. 물론 하락장이 언제 닥칠지 통제할 수는 없다. 하지만 은퇴 초기 몇 년 동안 큰 폭의 주가 하락이 있을 경우 어떻게 대응해야 할지는 통제할 수 있다.

---

[8] 계좌에서 자금을 인출하지 않을 때는 수익률의 순서가 잔고에 영향을 미치지 않지만, 자금을 인출하게 되면 수익률 순서에 따라 계좌 잔고가 달라지게 되는데, 이를 '수익률 순서 위험'(sequence of return risk)이라고 한다.

아직 은퇴하지 않았다면 은퇴를 연기한다

은퇴를 계획하기 1~2년 전에 약세장이 닥치면 은퇴를 연기하는 것을 고려해 보라. 계속 일한다는 것은 주식 포트폴리오가 크게 하락했을 때 포트폴리오에서 인출을 시작하지 않아도 된다는 것을 의미한다. 나는 모든 사람이 은퇴 연기가 가능한 것은 아니라는 것을 잘 알고 있다. 하지만 포트폴리오가 회복될 시간을 확보하기 위해 무엇을 할 수 있는지 생각해 보라. 파트타임 업무로 전환하더라도 포트폴리오에서 인출을 크게 줄일 수 있다.

약세장에서 주식을 매각하는 어리석음을 범하지 않는다

주가가 하락한 후에 파는 것은 너무 늦게 파는 것이다. 그리고 언제 다시 주식에 투자해야 할지 알기가 매우 어렵기 때문에 또 다른 문제가 발생한다. 시장 타이밍을 맞추려고 할 때는 두 번 정확하게 판단해야 한다. 즉, 언제 매도하고 언제 다시 매수해야 하는지를 정확하게 판단해야 한다. 이것을 잘하는 사람은 없으므로, 은퇴하기 전에 투자 포트폴리오 중 주식에 어느 정도 투자할 것인지에 대한 명확한 전략을 세워야 한다. 이에 대해서는 7장에서 자세히 설명한다.

약세장 수익 전략을 구축한다

약세장에서도 주식에 계속 투자하고 시장이 회복되는 데 필요한 시간을 확보하는 계획을 세워야 한다. 고려해야 할 두 가지 주요 전략이 있다.

- **보장된 소득으로 필수 생활비를 충당한다** 은행에 있는 현금은 수입이 보장된다. 사회보장은 연금소득을 보장한다. 소득연금은 소득이 보장되는 연금이다. 소득연금을 구입하여 자신만의 연금을 만들 수도 있다 (이에 대한 자세한 내용은 6장에서 확인하라). 보장된 소득으로 생활비가 충당된다면 하락장에서 주식을 손댈 필요가 없다. 하락장에서 생활비를 은행에 맡겨둔 돈으로 충당할 계획이라면 하락장에 대비하여 최소한 2년간의 생활비를 확보해 두는 것이 좋다(여기에 비상 자금이 추가된다). 이 정도는 일반적으로 투자 포트폴리오가 회복되기에 충분한 시간이다. 너무 안전하게 투자하면 단점이 있다. 현금에 투자한 돈은 인플레이션 속도에 맞춰 성장하지 못한다. 그리고 7장에서 설명했듯이 이것은 해결해야 할 위험이다.

- **포트폴리오의 채권에서 자금을 인출한다** 하락장에서 투자 자금을 인출하고자 한다면 채권에서 인출해야 한다. 약세장은 채권을 보유하는 이유와 정확히 같다. 은퇴를 앞두고 보유하기에 가장 적합한 채권 유형은 미국 국채이다. 이것은 약세장을 가장 잘 버티는 채권이다. 2007~2009년 약세장에서 S&P 500 주가지수가 55% 하락했을 때 보수적인 국채 포트폴리오는 15% 이상 상승했다.

물론 2022년은 채권 투자자들에게도 매우 가혹한 한 해였다. 주식 약세장뿐 아니라 채권 펀드 가치도 하락했다. 주식만큼은 아니지만, 주식 투자 손실과 함께 채권 투자에서도 손실을 입었다는 사실은 2022년을 가장 어려운 투자 환경 중 하나로 만들었다.

금리가 오르면 채권 수익률은 올라가지만(좋은 소식이다. 더 많은 수입이 발생한다!) 채권 가격은 내려간다. 총익률은 수익률과 매매차익의 조합이다. 2022년에는 가격 손실이 수익률 증가보다 훨씬 컸다. 2022년이 힘들었던 만큼, 2023년 초에는 채권에 대해 훨씬 더 '정상적인' 상황을 경험하고 있다.

7장에서는 자신에게 적합해 보이는 주식-채권 배분 전략을 수립하는 방법 그리고 어떤 종류의 채권을 소유해야 하는지에 대해 논의하고, 은퇴 소득을 위해 고려해야 할 구체적인 채권 유형에 대해 설명할 것이다. 대부분의 경우 60대에는 채권에 40~50% 정도를 할당하는 것이 적절한 균형이 되며, 약세장 기간 동안 상당한 수익을 얻을 수 있다.

약세장을 헤쳐 나갈 수 있는 또 다른 방법이 무엇인지 아는가? 누구나 알 듯 지출을 줄이는 것이다. 장거리 여행을 연기하거나 외식이나 유흥비를 줄이도록 하라. 월별 지출을 잘 살펴보고 불필요한 비용을 최소 20% 줄이는 데 도전해 보라. 이것이 당신이 몇 살이든 상관없이 우선적으로 권장하는 바다.

KFP Note

건강보험

건강보험은 전 국민의 강제 가입을 규정하고 있다. 일정한 법적 요건이 충족되면 본인의 의사와 관계없이 건강보험 가입이 강제되고 보험료 납부 의무가 부과된다. 보험료는 소득수준에 따라 차등 부과된다. 민간보험은 보장의 범위, 질병 위험의 정도, 계약의 내용 등에 따라 보험료를 부담하는 데 비해 국민건강보험은 소득수준 등 보험료 부담 능력에 따라 보험료를 부과한다. 보험 급여는 필요에 따라 균등하게 이뤄진다. 민간보험은 보험료의 수준과 계약 내용에 따라 개인별로 다르게 보장되지만, 사회보험인 국민건강보험은 보험료 부담 수준과 관계없이 관계법령에 따라 균등하게 보험급여가 이뤄진다. 보험료는 소득에 따라 부담하고 균등한 급여를 제공함으로써 소득 재분배 기능도 가진다. 국민건강보험에 가입되어 있는 국민들이 병원을 방문해 진료를 받으면, 병원은 자신들이 수행한 의료 서비스에 대한 대가를 건강보험공단에 청구해 지급 받는다. 하지만 이른바 '비급여 항목'은 건강보험에서 보장해 주지 않기 때문에 국민이 직접 본인 부담으로 납부해야 한다. 이러한 의료비 부담을 줄이기 위해 암보험, 실손의료보험 등의 민간보험에 가입하게 되는 것이다.

민간보험

건강보험에서 보장해 주지 않는 치료비의 부담을 줄이기 위해 민간보험을 가입하는데, 은퇴 후에는 어떠한 보험이 필요할까? 우선 제2의 건강보험이라 불리는 실손의료비보험이 필요할 것이다. 실손의료비보험은 말 그대로 내가 실제로 부담한 의료비에서 일정 부분의 자기부담금을 제외한 부분을 보상해 주는 보험이다. 보장해 주는 치료의 범위가 넓고 실제 치료비에 대해 보장을 해주는 것이라 우선적으로 준비해야 하는 보험이다. 하지만 보험료가 저렴한 대신 갱신형으로 보험료 인상의 위험도 있기에 잘 고려해보아야 할 것이다. 이러한 실손의료비보험은 비급여치료에 대한 치료를 완전히 보장해 주지 않기 때문에 치료비가 많이 드는 중대한 질병에 대한 보장은 진단비보험이나 수술비보험으로 추가 준비하는 것도 좋다. 진단비보험이란 질병으로 진단을 받게 되면 약정해 놓은 금액을 받는 보험이고 수술비보험이란 상해나 질병으로 수술을 하게 될 경우 정해진 보험금을 받게 되는 보험이다. 이 외에 최근 평균수명이 늘어나면서 요양이나 간병에 대한 위험이 크게 증가함에 따라 장기요양보험이나 간병보험에 대한 준비도 필요할 것이다. 앞에서 살펴보았듯이 국가에서 장기요양보험이 의무적으로 가입이 되어 있으나 지원을 받기 위해서는 신청하여 등급을 받아야 하고, 지원을 받더라도 온전한 케어를 하기에 부족한 부분이 있어서 개인적으로 따로 보험을 준비하는 것이 좋다. 현재 우리나라에는 치매나 일상생활 장해 상태가 될 경우 간병비가 지급되거나 병원에 입원하여 간병인을 사용할 경우 보험 회사에서 간병인을 지원해 주거나 간병인 사용 일당을 지급해 주는 형태의 보험이 있다.

✓ 은퇴 체크 리스트

- 적어도 95세까지 생존한다고 가정하여 은퇴 계획을 수립한다.
- 퇴직 시 연금 계좌 이체 방안을 결정한다.
- 사회보장연금 수령을 70세까지 연기한다.
- 일시금으로 연금을 받고 싶은 유혹에서 벗어난다.
- 기혼이고 배우자의 건강이 양호하면, 100% 공동 및 유족연금을 선택한다.
- 메디케어 옵션을 매년 검토한다.
- 은퇴 초기 약세장이 닥칠 경우를 대비한 투자전략을 준비한다.

6장

안정적 은퇴 소득을 확보하라

은퇴가 가까워지면 새롭고 힘든 일을 시작해야 한다. 저축한 돈을 오랜 은퇴 기간 동안 유지될 수 있는 고정적인 소득원으로 전환하는 방법을 찾는 것이다. 수십 년 동안 벌어서 은퇴를 대비해 저축한 후에는 방향을 바꿔서 저축한 돈을 편안하게 지출할 수 있어야 한다. 또한 은퇴 후 첫 달부터 90대에 이르기까지 필요한 소득을 편안하게 조달하는 전략을 수립해야 한다.

씨름해야 할 것은 투자 계좌뿐만이 아니다. 사회보장연금 개시 시점에 대한 의사결정은 은퇴 소득 전반에 커다란 영향을 미친다. 그 외에도 연금을 보유하고 있는 사람들이 신중하게 고려해야 할 일련의 결정들이 있다.

나는 이것이 은퇴 계획에 대한 상당한 불안감을 유발할 수 있다는 것을 잘 알고 있다. 하지만 긴장하거나 지레 겁먹을 필요는 없다. 새로운 레시피를 탐구하는 것을 좋아하는 요리사는 다양한 재료를 적절한 비율로 결합하는 것이 맛있는 음식을 만드는 비결이라는 것을 알고 있다. 그리고 만약 당신이 이케아 가구를 쉽게 조립할 수 있는 특별한 기술을 가지고 있다면 문자 그대로 조각들을 하나로 모아 유용하고 멋진 물건을 만드는 방법을 알고 있을 것이다.

이것이 은퇴와 어떤 관련이 있는가? 아주 많다. 특정 작업이 무엇이든 관계없이 당신의 경험은 은퇴 후 꾸준하고 신뢰할 수 있는 소득 흐름을 만드는 최선의 방법을 찾을 수 있도록 할 것이다. 이것이 정확하게 지금 필요한 것이다. 새로운 기술을 배울 필요는 없다. 수년간 사용해 온 기술을 새로운 방식으로 적용하여 은퇴 자금을 조달해야 한다.

도전의 핵심은 꾸준하고 안정적인 수입을 확보하는 것이다. 꾸준하다는 것은 주식시장이 하락하더라도 매달 필요한 생활비를 충당할 수 있는 최소한의 수입을 갖는 것을 의미한다. 안정적이라는 것은 너무 빨리 은퇴 자금이 소진되지 않도록 한다는 것을 의미한다. 이미 설명했듯이 최소한 95세까지 살 계획을 세워야 한다고 생각한다. 내가 드리는 최선의 조언은 마치 100세에도 생존할 것처럼 은퇴 소득 계획을 수립하라는 것이다.

은퇴 기간 동안 꾸준하고 신뢰할 수 있는 소득을 창출하는 방법에 대해 오늘 내리는 결정이 당신이 실제로 은퇴를 즐길 수 있게 해 줄 것이다. 이러한 계획이 있어야 돈 걱정 없이 노후를 즐길 수 있다. 이것이 바로 당신이 그토록 열심히 일해 온 이유다. 그렇지 않은가?

모든 사람에게 적합한 단일한 계획이란 없다

나는 지난 수년 동안 은퇴 계획을 수립하는 사람들을 상담하면서 모든 사람에게 적합한 단일한 계획은 없다는 것을 깨달았다. 70세가 될 때까지 사회보장연금 청구를 미루는 것이 가장 현명한 은퇴 소득 의사 결정 중 하나라고 할 수 있지만, 일부 사람들은 조기 수령이 적합할 수 있다. 많은 분들은 투자 포트폴리오의 50% 정도를 주식에 투자하는 것을 편안하게 생각하지만, 어떤 사람들은 과다한 비율이라고 느낄 수 있고, 특히 약세장에서는 두려움에 휩싸일 수도 있다.

상상할 수 있는 최악은 자신에게 맞지 않는 선택을 하도록 강요당하고, 은퇴 기간 내내 돈에 대해 불안해하고 걱정하며 보내는 것이다. 최상의 은퇴란 행복과 성취를 가져다 주는 활동과 사람에 집중하는 것이다. 이것은 돈 걱정에서 자유로워야 가능하다.

당신은 내가 권장하는 모든 전략을 따를 수도 있고, 당신에게 적합하게 재조정할 수도 있다. 당신은 스스로를 위해 올바른 결정을 내려야 한다. 내 임무는 당신이 상황을 신중하게 고려하여 정보에 입각한 최선의 결정을 내릴 수 있는 지식을 갖고 있는지 확인하는 것이다.

모든 옵션을 고려한 후에도 어떻게 해야 할지 확신이 서지 않으면 평판이 좋은 재무 자문가를 찾는 것이 도움이 될 수 있다. 재무 자문가는 투자전략의 각 영역과 상호작용 방식을 전문적으로 이해한다. 좋은 재무 자문가는 숫자를 분석하고 무엇을 해야 할지 알려주는 것 이상의 일을 한다. 좋은 재무 자문가는 당신의 이야기를 경청하고 당신이 실행하기 쉬운 것과 당신을 두렵고 불안하게 만드는 것이 무엇인지 이해한다. 훌륭한 재무 자문가는 가장 좋은 재무 계획이란 자신이 편안하게 유지할 수 있는 계획이라는 것을 알고 있다. 이들은 최고의 재무 전략을 고려하고 사안에 따라 적용하여 실행에 전념할 수 있도록 한다. 8장에서는 신뢰할 수 있는 재무 자문가를 찾는 방법에 대해 설명한다.

돈 걱정 없는 은퇴 생활을 위한 조치 사항
— 은퇴 생활 소요 비용을 산정한다
— 확실한 은퇴 소득원을 확보한다
— 보장된 연금 수입으로 고정 생활비를 충당한다
— 고정적 월 지급금을 보장하는 연금을 고려한다
— 최소 2년간의 비상 자금을 현금으로 확보한다
— 은퇴 첫해는 포트폴리오의 3% 이하를 지출한다
— 약세장에서 유연성을 유지한다

은퇴 생활 소요 비용을 산정한다

이것이 가장 기본적이다. 하지만 내 경험에 따르면 상당수 사람들은 매달 실제로 자신이 얼마나 지출하는지 잘 모른다. 지출 규모를 검토하기 위해 상담을 해 보면, 일반적으로 사람들은 지출을 한 달에 500달러 이상으로 측정하며 과소평가했다. 식료품, 주택담보대출, 임대료, 공과금, 보험료와 같이 매월 반복되는 비용에 대해서는 꽤 잘 알고 있다. 하지만 휴가비, 선물비와 같이 비일상적인 지출이고 자주 발생하지 않는 많은 비용은 종종 잊는다.

좋은 소식은 은퇴하면 몇 가지 비용이 사라진다는 것이다. 더 이상 은퇴 대비 저축은 하지 않고, 사회보장 및 메디케어 보험료를 납부하지 않아도 된다. 출근에 따른 교통비도 줄어든다. 그러나 새로운 비용이 발생할 수 있다. 특히 은퇴 초기에는 여행 경비가 늘어나는 것이 일반적이다. 유족 배우자의 경우에도 비용이 증가하는 경우가 있다. 나는 이것을 외로움 요인이라고 부른다. 혼자 먹는 걸 좋아하지 않아서 외식하고, 사람을 만나고, 자녀들도 더 많이 방문하고, 더 많은 여행을 떠난다. 나는 당신들이 이러한 모든 확률을 고려하여 은퇴 소득 흐름과 비용을 정확하게 산정해 보기를 바란다.

확실한 은퇴 소득원을 확보한다

이것은 매우 중요한 계산이지만 알아내기가 쉽지 않다. 이전 장에서 다루었듯이 여기에는 사회보장과 개인연금이 포함된다. 중요한 고려 사항은 사회보장연금은 인플레이션에 따라 증가하지만, 개인연금은 인플레이션 조정이 포함되는 경우는 거의 없다는 것이다. 여기까지는 쉽다.

그러나 퇴직 계좌와 개인연금 계좌에서 창출할 수 있는 소득을 파악하는 것은 쉽지 않다. 당신은 자신이 결정한 주식과 채권의 포트폴리오에 따라 계정의 잠재성장률을 가정해야 한다. 세금은 계좌에서 자금 인출 시 큰 영향을 미칠 것이므로 고려해야 하는 또 다른 문제가 된다.

재무 자문가와 상담하는 것도 현명한 방안이다. 좋은 재무 자문가는 은퇴 후 세후 소득이 어떻게 될 것인지에 대하여 명확한 그림을 그리는 데 도움이 되는 다양한 시나리오를 기반으로 한 신중한 계산을 할 수 있도록 지원한다. 하지만 결국 당신은 자신의 의사결정을 통제해야 한다. 이것은 신뢰할 수 있는 수입원을 구축하는 메커니즘을 이해하는 데 시간을 투자해야 함을 의미한다.

은퇴 소득은 사회보장, 개인연금, 투자수익 3가지로 구성된다. 우리는 부부 중 소득이 더 많은 사람이 사회보장연금 수령 개시를 70세까지 연기하는 것을 고려해야 하는 이유에 대해 이미 살펴보았다. 그리고 기혼자들은 100% 공동 및 유족연금을 선택해야 한다고 했다. 기혼자들이 계획을 세울 때는 부부 중 한 사람의 사망 시 연금소득이 어떻게 바뀌는지 고려해야 한다는 점을 다시 한번 강조하고 싶다. 생존 배우자는 두 개가 아닌 하나의 사회보장연금을 받을 수 있다. 배우자가 사망하면 연금 지급액이 낮아질 수 있으며,[1] 어떤 경우에는 생존 배우자가 연

---

[1] 우리나라 국민연금의 경우 부부 모두 노령연금을 지급받고 있는 중에 한 사람이 사망하면 생존 배우자는 본인의 가입 기간에 따른 노령연금과 배우자의 사망으로 발생한 유족연금 중 하나를 선택하여야 한다. 현재 유족연금 지급률은 사망자의 가입 기간에 따라 사망자의 가입 기간이 10년 미만이면 기본연금액의 40%, 10년 이상~20년 미만이면 50%, 20년 이상이면 60%를 받는다.

금 지급을 받지 못할 수도 있다. 계획을 세우는 가장 안전한 방법은 두 사람이 살아 있는 동안뿐만 아니라 한 사람이 사망한 후에도 가구의 생활비 (원하는 것이 아닌 필요한 것)가 꾸준한 소득 흐름으로 충당되도록 하는 것이다. 생각하기 쉬운 주제는 아니지만, 현실이다.

이 장의 뒷부분에서는 투자 계좌에서 안전하게 인출할 수 있는 적정 수입 규모에 대하여 자세히 다룬다. 미리 보자면 다음과 같다. 돈을 주식과 채권으로 분할하는 경우, 은퇴 첫해에 잔액의 4%를 인출하고[2] 다음 해에 인플레이션에 맞춰 조정하는 전략에 대해 많이 들어 봤을 것이다. 은퇴 자금은 적어도 30년은 버틸 수 있어야 한다. 나중에 설명하겠지만, 은퇴를 앞둔 사람이라면 첫해 지출을 포트폴리오 잔고의 3%로 줄이는 것이 현명하다고 생각한다.

은퇴 자금이 충분하지 않다고 지나치게 당황하지는 말라. 당신에게는 선택권이 있다. 당신은 통제할 수 있다. 당신은 진실을 지키고, 책임을 지고, 올바른 선택을 해야 한다. 이전 장에서 이미 다루었듯이 더 오래 일하고, 지출을 억제하고, 생활비를 줄이기 위해 집을 옮기거나 등을 고려하는 것은 모두 지출과 수입의 균형을 맞추는 데 도움이 된다. 반드시 피해야 할 것은 은퇴 초기에 투자 포트폴리오에서 더 많이 인출하거나 갚을 수 없을 것으로 예상되는 신용카드 잔고를 크게 늘리는 것이다.

최근 나는 현재 수준의 지출 규모를 유지하면 조만간 은퇴 자금이 고

---

[2] 4% 안전 인출율. 매년 4%씩 인출하더라도 잔여 적립금을 주식이나 채권, 금융자산 등에 분산투자해 수익을 내면 25년 이상 노후 자산을 인출해 쓸 수 있다는 전략이다.

갈될 것이라는 것을 은퇴하신 노부모님께 어떻게 하면 이해시킬 수 있는지 궁금해하는 성인 자녀로부터 많은 질문을 받는다. 슬픈 일이다. 30대, 40대, 50대 자녀들은 부모를 부양할 수 있는 돈이 없어서 고민이다. 그들의 부모는 은퇴하기 전에 실제 수입과 지출을 파악하지 못했기 때문에 어렵고 지속 불가능한 상황에 빠졌다.

나는 지금 당신이 자신의 진실 앞에 마주 서기를 요청한다. 만약 당신이 오랜 은퇴 기간을 지탱할 수 있는 안정적인 수입원이 없다면 당신의 삶과 당신의 아이들의 삶을 어렵게 만들 것이다. 나는 이것이 당신이 의도한 바라고는 상상할 수 없다.

보장된 연금 수입으로
고정 생활비를 충당한다

은퇴 소득 전략은 때때로 두 가지 상충되는 요구에 직면하게 된다. 당신은 자신에게 필요한 돈이 안정적으로 유지되기를 바란다. 안전한 투자전략에 대한 이야기이다. 그러나 한편으로 모든 기대수명 통계는 은퇴 이후 수십 년 동안의 인플레이션이 문제가 될 수 있다는 것도 잘 알고 있다. 이것은 인플레이션을 능가하는 이익을 창출할 수 있는 주식을 소유해야 한다는 이야기가 된다. 하지만 한편으로 하락장을 만날 수 있으며, 이는 은퇴 후 감정적으로 극복하기가 더 어려울 수 있다. 안정성과 함께 일정한 주식을 보유할 수 있는 자신감을 동시에 제공할 수 있는 전략을 진지하게 고민해야 한다.

안정성이란 무슨 일이 있어도 필수 생활비를 지불할 수 있어야 한다는 것이다. 앞서 말했듯이 보장된 소득을 제공하는 퇴직 소득원에는 몇 가지 유형이 있다. 보장이란 이것이 주식이나 채권 시장과 아무런 관련이 없는 수입원이고, 매달 받는 금액이 정해져 있으며, 시장상황에 따라 등락하지 않는다는 것을 의미한다. 당신이 원하는 것이 편안하게 잠들 수 있는 것이라면, 당신의 목표는 이러한 보장된 수입원에서 모든 필수 생활비를 충당할 수 있어야 한다.

사회보장연금이 필수 생활비를 충당할 만큼 충분하지 않은 경우, 연금과 같은 효과가 있는 투자 상품을 구입하여 그 차이를 메울 수 있다. 소득연금은 보장된 소득 요구 사항을 마무리하는 현명한 방법이 될 수 있다. 하나 짚고 넘어갈 것이 있다. 고객의 이익보다는 판매 수수료에 더 관심을 두는 보험설계사가 판매하는 끔찍한 연금도 있다. 연금보험에 대해 극도로 회의적이라면 나도 이해한다. 당신이 그 생각에 약간 움츠러든다면 다행일 수 있다. 이는 당신이 잠재적인 위험을 알고 있음을 의미한다.

나는 당신에게 단 한 가지 유형의 연금, 즉 종신형 연금보험을 추천한다. 다음 섹션에서는 소득연금에 관해 알아야 할 모든 것을 이야기하고자 한다. 지금으로서는 사회보장연금과 개인연금을 합산한 후에도 필요한 보장 소득이 부족한 경우 소득연금을 구입하는 것이 이러한 보장 소득 격차를 줄이는 방안의 하나가 될 수 있다는 점을 알아 두었으면 한다.

또한 보장된 소득 격차를 줄이는 다른 방법, 즉 생활비를 줄이는 방법을 생각해야 한다. 여행 예산을 줄이거나 자녀에 대한 지원을 감축할 수 있다. 또한 주택 규모 조정이나 이사하는 것도 생각해 볼 수 있다.

보장된 소득 전략에는 추가적인 보상이 있다. 당신에게 장기적으로 주식에 투자할 수 있다는 자신감을 제공한다는 것이다. 당신은 보장된 소득이 당신의 뒤를 받치고 있다는 것을 알게 되면, 수년에 걸쳐 인플레이션에 보조를 맞추는 데 도움이 되도록 투자 포트폴리오의 일부를 주식에 유지하는 것이 더 쉬워질 것이다.

고정적 월 지급금을 보장하는 연금을 고려한다

은퇴자들에게 좋은 연금보험 유형이 하나 있다. 바로 종신형 연금보험이다. 변액연금보험(variable annuity)이나 지수형 연금보험(fixed indexed annuity)이 아니다. 고정 소득을 제공하는 연금인 종신형 연금보험은 당신이 스스로 창출하는 개인연금이다. 보험 회사에 자금을 맡기면(은퇴 전 일반적으로 일시금으로 불입한다), 보험 회사는 연금 지급을 시작하여 매달 고정된 금액을 당신에게 지급한다. 연금 수령액은 나이, 지급 기간, 생존 배우자 지급 여부, 연금 구입 시의 이자율, 인플레이션 보호 기능 등의 요소에 따라 결정된다. 보장된 수입을 얻고자 한다면 종신 지급을 선택하는 것이 좋다. 그리고 기혼자인 생존 배우자에게 동일한 수준의 금액이 계속 지급되는 연금을 고려해야 한다.

종신형 연금보험에는 두 가지 기본 유형이 있다.

- **즉시연금보험**(immediate annuity): 일회성 보험료를 납입하면 연금 지급이 즉시 시작된다.
- **거치형연금보험**(deferred annuity): 지금 연금보험을 구매하지만 5년 또는 10년 등 정해진 기간이 경과될 때까지 지급을 시작하지 않는다. 연금 지급을 개시하기 이전의 기간 동안에는 지불한 보험료는 고정 수익률을 얻는다.

지금 당장 은퇴 후 더 많은 보장된 소득을 창출하고 싶다면 즉시소득연금이 적합하다. 그리고 은퇴 전에 보장된 소득 계획을 확정하고 싶다면 이연소득연금을 고려해 볼 만하다.

몇 가지 문제를 살펴보자. 종신형 연금보험을 구입하면 보험사에 맡긴 자금은 더 이상 본인의 것이 아니다. 따라서 보험사에 지불한 보험료보다 지급 받은 연금이 적은 시점에 사망할 수 있다는 위험이 있다. 이러한 관점은 연금이 단순한 투자가 아니라 보험 상품이기도 하다는 사실을 간과하는 것이다. 보험은 자신을 보호하는 것이다. 화재보험, 자동차보험, 생명보험을 생각해 보라. 자신이 납입하는 보험료보다 자신이 청구하는 보험료가 더 클 것을 기대하며 보험 상품을 구매하는 것은 아니다. 오히려 당신은 청구할 필요가 전혀 없기를 바라면서 보험에 가입한다. 그러나 은퇴 보장(장수 생활과 저축한 돈이 당신을 부양할 수 없는 상황에 대비한 보험)을 구입하는 경우에는 다르게 생각하는 경우가 많다. 나는 우리가 아주 큰 규모의 자금에 대해 이야기하고 있다는 것을 이해한다. 예를 들어 2023년 초 남은 생애 동안 매월 1천 달러의 보장된 소득을 원하는 70세 여성이 소득연금을 구입하려면 약 15만 달러를 일시불로 납입해야 한다. 67세 여성과 결혼한 70세 남성의 경우, 생존 배우자가 사망할 때까지 한 달에 1천 달러를 저축하면 약 17만 5천 달러가 된다.

하지만 초점을 조금 바꿔서 종신형 연금보험으로 어떤 문제를 해결할 수 있는지 생각해 보길 바란다. 소득보장에 높은 가치를 둔다면, 사회보장을 보완하기 위해 소득연금을 추가하는 것을 진지하게 고려해 보아야 한다. 당신이 먼저 사망할 경우 생존 배우자가 충분한 소득을 보장받을 수 있도록 하는 데 높은 가치를 둔다면, 종신형 연금보험 추가는 충분히 고려해 볼 가치가 있다. 특히 종신형 연금보험은 투자 관리에 관심이나 경험이 없는 생존 배우자에게 큰 선물이 될 것이다. 그리고 언젠가 치매나 알츠하이머에 걸리거나 요양병원 혹은 요양원에 입소하게 될 경우, 종신형 연금보험은 당신 자신과 사랑하는 배우자 및 자녀들을 위한 가장 귀중한 선물이 될 수 있다. 그렇다. 당신의 자녀들이다. 자녀가 있는 경우, 결국 인지 장애를 갖게 된다면 자신을 돌봐 주는 사람은 바로 자신의 자녀들이 아닐까? 종신형 연금보험은 자녀들의 재정적 고민을 덜어줄 수 있다.

물론 아무도 이것에 대해 생각하고 싶어 하지 않는다는 것을 알고 있다. 하지만 치매나 알츠하이머의 가능성을 고려하지 않는 것은 무책임한 일이 될 수 있다. 우리 모두는 획기적인 치료법이 우리가 살아있는 동안 나타날 것이라고 기대할 수 있다. 그리고 우리 모두는 자신을 더 잘 돌봄으로써 육체적, 정신적 쇠퇴를 막을 수 있다. 그러나 그 어느 것도 우리가 구원받을 것이라는 보장을 제공하지는 못한다. 절대적으로 우리가 통제할 수 있는 것은 노후의 '만약'을 대비한 보험일 수 있다.

종신형 연금보험은 일단 구입하면 관리가 필요 없고, 재조정할 포트폴리오가 없으며, 걱정할 약세장이 없다. 일단 자금을 보험 회사에 위탁하면 그 돈으로 인기 있는 주식이나 믿을 수 없을 정도로 높은 수익률을 추구하는 투자에 사용하고 싶은 유혹을 느끼지 않을 것이다. 그리고 소득연금에는 판단력이 떨어지는 노인을 노리는 사기꾼의 손이 닿지 못한다. 보험 회사에 돈을 맡기면 노인에 대한 재정적 학대의 가능성으로부터 보호받을 수 있다는 것이다.[3]

---

3 **연금보험 연금수령 방법**
①**종신형 연금**: 피보험자가 너무 일찍 사망하면 보험 가입자는 납부한 보험료도 전부 회수하지 못할 수 있다. 이 문제를 해결하려고 대다수 종신형 연금이 보증지급 기간(10년, 20년 등)을 두고 있다. 피보험자가 일찍 사망하더라도 보증지급 기간이 종료될 때까지는 수익자가 계속해서 연금을 수령할 수 있도록 한 것이다. 종신형 연금 중에는 부부형 연금도 있다. 일반적인 종신형 연금은 피보험자 본인이 살아 있는 동안 연금을 받을 수 있지만, 부부형 연금은 피보험자와 배우자 중 한 명이라도 살아 있으면 연금을 수령할 수 있다.
②**확정형 연금**: 정해진 기간(10년, 20년 등) 동안만 연금을 수령하는 방식이다. 수령 기간이 늘어날수록 매달 받는 연금액이 줄어든다. 최근 확정형 연금보험으로 '100세 만기형'도 등장했다. 특정한 기간을 정해 연금을 수령한다는 점에서는 확정형연금이지만, 종신형연금에 가깝다고 할 수 있다. 하지만 100세까지 연금을 수령할 수 있기 때문에 종신형연금에 비해 연금액이 크다.
③**상속형 연금**: 적립금은 그대로 두고 이자만 연금으로 수령하는 방법이다. 연금은 10년·20년·30년 등과 같이 기간을 정해 수령할 수도 있고, 피보험자가 사망할 때까지 받을 수도 있다. 연금수령 기간 동안 보험회사는 연금보험 적립금에 공시이율로 계산한 이자만 계산해 수익자에게 연금으로 지급하다 만기가 도래하거나 피보험자가 사망하면 수익자에게 남은 적립금을 지급한다. 원금은 거의 건드리지 않고 이자만 지급하기 때문에 종신형이나 확정형에 비해 매달 받는 연금은 적을 수밖에 없다.

종신형 연금보험은 이러한 모든 문제를 해결한다. 당신에게 무슨 일이 일어나더라도 매월 연금은 당신의 예금계좌에 계속 입금된다. 누구도 방해할 수 없다. 충분히 검토해 볼 만한 가치 있는 일이다. 종신형 연금보험은 지급개시 연령이 높을수록 더 많은 연금을 수령한다. 은퇴할 준비가 될 때까지(예: 70세) 기다렸다가 즉시연금을 구입할 수 있다. 그리고 또는 이연연금을 구입하여 은퇴 이후 안정적 연금을 지불받기 위해 보험료를 지금 일시금으로 혹은 몇 년에 걸쳐서 납입할 수도 있다.

연구자와 은퇴자를 대상으로 한 설문 조사에 따르면, 소득이 보장된 사람들은 은퇴 시 더 행복하고 안전하다고 한다. 안전은 재정적으로나 감정적으로나 강력한 자산이다. 자신의 돈에 대한 통제력을 상실하게 된다는 우려로 인해 종신형 연금보험에 대하여 부정적 생각이 있을 수 있다. 하지만 보다 많은 보장된 소득을 원한다면 종신형 연금보험을 적극적으로 고려하길 바란다.

그리고 일종의 생명보험 기능을 부가적으로 제공하는 종신형 연금보험이 있다. 이 상품은 평생에 걸쳐 당신에게 연금을 지급하지만, 연금 총지급액이 당신이 지불한 선불 보험료와 동일해지기 전에 당신이 사망하는 경우, 총지급액이 당신이 종신형 연금보험에 대해 지불한 금액과 같아질 때까지 수혜자는 계속해서 지급금을 받는다. 또 다른 옵션은 일정한 기간 동안 연금을 지급하는 종신형 연금보험이다. 당신 또는 수혜자는 당신이 선택한 '고정' 기간 동안 연금을 지급 받는 것이 보장된다. 5년, 10년, 20년이 될 수 있다.

장수의 공포를 진정시키는 연금보험

은퇴 기간이 15년 정도라면 상대적으로 짧은 시간 동안 얻을 수 있는 은퇴 소득원이 많을 것이다. 하지만 책 앞부분에서 설명했듯이 당신은 90세까지 살 가능성은 꽤나 높다. 당신의 은퇴 자금이 25년이나 30년 또는 그 이상의 기간 동안 계속해서 당신을 지원할 수 있을 것이라고 확신하기는 어렵다. 만약 당신이 장수의 행운을 누리지만 다른 한편으로 은퇴 자금의 고갈이 걱정된다면, 장수연금보험을 고려해 볼 가치가 있다.

장수연금보험은 기본적으로 이연소득연금이다. 연금 수령 개시일이 훨씬 먼 미래이다. 현재 보험료를 납부하지만 80세나 85세가 될 때까지는 연금 지급이 시작되지 않는다. 연금 지급 시점이 늦어지므로 장수연금의 보험료는 일찍 지급하기 시작하는 연금에 비해 훨씬 낮다. 예를 들어 2023년 초에 장수연금으로 10만 달러를 납입한 70세 여성은 85세부터 매월 약 3,000달러를 지급 받는다. 이 경우 89세가 되기 전에 초기 투자금을 돌려받게 되며, 월 지급금은 평생 동안 계속된다.

연금보험 상품 구매에서 중요한 부분은 보험 회사의 재무상태가 건전한지 확인하는 것이다. 당신은 수십 년 동안 모았을 것으로 예상되는 큰 규모의 자금을 보험 회사에 건네주고 있는 것이다. 장수연금보험의 경우 수십 년 동안 모았을 큰 자금을, 경우에 따라 연금 수령을 시작도 하지 못하는 위험을 안고 보험 회사에 맡기는 것이다. 보험 견적을 받을 때 회사의 재무 건전성 등급을 필수적으로 확인해야 한다.

최소 2년간의 비상 자금을 현금으로 확보한다

내가 오랫동안 모든 가구에 최소 8개월의 생활비를 충당할 수 있는 비상 자금이 필요하다고 말해 왔다는 것을 기억할 것이다. 또한 은퇴 후에는 최소한 2년간의 생활비가 포함된 별도의 약세장을 대비한 비상 자금을 마련해 두시기를 바란다. 보장된 소득으로 모든 생활비를 충당할 수 없을 것으로 예상되는 상황에서 그 자금은 필요할 때 언제든지 이용할 수 있는 안전한 계좌에 보관하는 것이 좋다. 분명히 말하자면 이것은 8개월의 비상 자금에 추가되는 금액이다.

왜 그렇게 큰 자금이 하락장에 대비하여 필요한가? 주식시장과 인생에서 당신에게 예기치 못하게 닥치는 모든 일을 처리할 수 있다는 자신감을 주기 위해서다. 이 자금은 어떤 일이 일어난다고 해도 당신이 견디고 살아갈 수 있게 하는 돈이다. 예를 들어 하락장이 닥쳤을 때, 주식 가치가 낮을 때 돈을 인출하는 대신 이 돈을 비상 자금으로 사용할 수 있다. 그러면 주식이 하락했을 때 주식을 매각하지 않는 것이 감정적으로 쉬워질 수 있다. 또한 이 자금은 당신이 부상을 입거나 심각한 질병을 앓을 경우 본인 부담 의료비를 지불할 자금으로 사용할 수도 있다. 이런 경우 건강을 회복하는 동안 도움을 받기가 더 쉬워질 수도 있다.

채권 포트폴리오에서 현금 항아리를 만들어야 한다. 예를 들어 50만 달러의 투자금을 25만 달러의 주식과 25만 달러의 채권으로 나누어 투자했다고 가정해 보자. 그리고 보장된 소득으로 충당되지 않는 연간 생활비가 3만 5천 달러라고 가정해 보자. 채권 포트폴리오 중 최소 7만 달러(2년 생활비)를 저축 계좌, 예금증서(CD) 또는 단기 채권 자금으로 운용한다. 이 사례에서는 7만 달러를 매우 안전하게 보관하고 나머지 18만 달러를 중기 국채나 단기 또는 중기 국채를 소유한 펀드나 ETF에 투자한다.

CD(양도성 예금증서) 사다리를 구축한다

CD에 안전하게 저축한 돈의 전부 또는 일부를 보관하는 것도 고려할 수 있다. 1년물, 2년물, 3년물, 4년물, 5년물 CD를 구입할 수 있다. '기간'이 길수록 더 많은 이자를 지급받는다. CD 기간 동안 이자율은 변경되지 않는다. 이자율은 구매 당일에 고정된다. 금리가 하락할 것이라고 생각한다면 금리가 변동될 수 있는 저축 계좌보다 CD가 더 안전할 수 있다. CD는 일반 저축 계좌만큼 안전하다. CD 만기시 CD에 투자한 돈, 즉 원금은 당신에게 반환된다.

하지만 CD에는 한 가지 문제가 있다. 어떤 이유로 CD가 만기되기 전에 돈이 필요하다고 판단되면 CD를 인출할 수 있지만, 조기 인출에 따른 페널티를 지불해야 한다. 페널티는 기간에 따라 달라진다. 1년물 CD의 경우 조기 인출 시 일반적으로 3개월 정도의 이자가 페널티로 부과된다. 5년물 CD의 경우 페널티는 6~8개월 정도의 이자가 될 수 있다.

만기가 서로 다른 CD 포트폴리오는 전체 수익률을 높이는 동시에 조기 인출 가능성을 줄이는 현명한 전략이 될 수 있다. 예를 들어 1년물, 2

년물, 3년물, 4년물, 5년물 등 5개의 다른 CD에 동일한 금액을 투자할 수 있다. 1년물 CD가 만기되면 새로운 5년물 CD에 투자한다. 2년물 CD는 이제 1년만 남았으므로 1년물 CD가 된다.

내 생각으로는 CD 사다리가 현금의 일부를 절약할 수 있는 훌륭한 옵션이 될 수 있다. 하지만 2년 동안의 비상 자금을 목표로 하고 있다면 인출 페널티가 없는 단순 예금계좌에 6개월 정도 보관하는 것이 방법이다.

MMF(머니마켓 뮤추얼펀드)를 고려한다

개인연금 계좌 및 기타 계좌로 MMF를 구입하는 것도 좋은 선택이 될 수 있다. 하지만 MMF는 연방정부의 보장을 받지 않는다는 점을 염두에 두어야 한다. 하지만 미국 국채를 보유한 MMF에 대해서는 정할 필요가 없을 것 같다. MMF에는 안정적인 증권으로 가득 차 있다. 그렇지만 굳이 연방정부에 의해 보호되는 예금을 원한다면 고수익 온라인 은행 예금 또는 CD 계좌를 보유하도록 하라.

은퇴 첫해에는 은퇴 자금 포트폴리오의 3% 이하 지출을 계획한다

앞서 말했듯이 당신은 계좌에서 자금의 4%를 인출하는 것으로 시작하고 그 금액을 매년 인플레이션율에 따라 조정하는 인출 전략에 익숙할 것이다. 예를 들어 100만 달러가 있으면 첫해에 4만 달러 이상을 인출하지 않는다. 다음 해에 인플레이션이 3%라면 41,200달러 (4만 달러 + 3%)를 인출한다. 세 번째 해에도 인플레이션이 3%라면 42,436달러를 인출한다.

이 조언은 은퇴 자금을 주식에 50%, 국채에 50%를 투자하고 65세에 인출을 시작하면, 자금이 최소 30년 동안 지속될 가능성이 거의 100%에 가깝다는 연구 결과에 근거한다. 나는 이것이 여전히 괜찮은 접근 방식이라고 생각한다. 하지만 향후 몇 년 안에 은퇴하는 사람들을 위해 내가 권장하는 바는 매년 포트폴리오의 3%만 지출하는 것을 고려하는 것이다 (해마다 인플레이션율에 맞춰 조정할 수 있다).

내가 우려하는 것은 주식과 채권을 통해 얻을 수 있는 수익이 향후 10년 정도 낮아질 가능성이 크다는 것이다. 2023년 초 이 글을 쓰는 동안 주식시장은 여전히 2022년에 시작된 하락장과 씨름하고 있다. 그리고 채권 펀드와 ETF는 손실을 가져온 힘든 한 해를 보낸 후 이제 막 반등하기 시작하고 있다. 이것은 장기적으로 주식과 채권의 가치 평가를 더 좋게 만든다. 하지만 초기 RMD의 3%만 사용하고 나머지는 재투자하는 것을 고려하는 것이 여전히 현명하다고 제안하고 싶다. 매년 인플레이션에 따라 인출률을 조정할 수 있다.

모든 생활비를 보장 소득(사회보장, 개인연금, 소득연금 등)으로 충당할 수 있다면, 4%의 순인출률은 위험하지 않다. 수익률이 낮더라도 괜찮을 가능성이 여전히 높다. 은퇴 자금이 얼마나 오래 유지될 수 있을지에 대한 추정은 65세에 인출을 시작하는 것을 기준으로 한다. 70세 이후에 인출을 시작한다면 은퇴 기간이 단축되었으므로 3.5% 또는 4%가 합리적일 수 있다. 가장 중요한 요소는 강세장에서 은퇴할지, 아니면 약세장에서 은퇴할지 여부이다. 약세장이 닥쳤을 때 은퇴하는 불운이 있거나 은퇴 후 처음 5년 내에 약세장이 있는 경우, 가능한 한 적게 인출하는 것이 10년, 20년, 25년 후에 큰 도움이 될 것이다. 하락장은 당신에게 타격이 된다. 하락장에서의 자금 인출은 계좌를 더욱 고갈시키는 또 다른 타격이다. 인출 금액을 최대한 줄임으로써 돈을 회수할 수 있는 시간을 더 많이 확보할 수 있다.

약세장에서 유연성을 유지한다

은퇴 소득 계획의 핵심 요소는 상황 변화에 따라 유연성을 유지하고 필요할 때 계획을 수정하는 것이다. 이것은 당신이 평생을 살아온 방식과 다르지 않다. 당신은 오랜 세월 동안 계획을 세워 왔고, 경과에 따라 계획을 조정해 왔다. 당신이 자주 단련해 온 귀중한 근육이다. 노후에도 계속 근육을 단련해야 한다.

예를 들어 인플레이션 조정이 포함된 3% 인출 전략으로 시작하기로 결정했다면 이것은 고정된 전략이 아니다. 포트폴리오가 하락한 몇 년 동안 인플레이션 조정을 중단하면 포트폴리오의 수명이 늘어난다. 심각한 하락장에서는 인출액을 전년도보다 10% 정도 줄이는 것도 어려운 상황을 헤쳐 나가는 데 도움이 될 것이다. (예를 들어 3.3%를 인출한다면 인출금은 3%로 줄어든다.)

휴가를 한두 번 연기하거나 유흥비를 줄일 수도 있다. 자녀와 손자에게 용돈을 줄이거나 중단하는 것은 이기적인 것이 아니다. 이는 언젠가 당신에게 재정적 지원을 제공해야 하는 상황으로부터 자녀를 보호하는 것이 된다. 이것이 영구적 삭감을 의미하는 것은 아니지만, 포트폴리오 가치가 하락할 때 증가하는 위험에 대응하는 중요한 방법이다. 시장이 회복되면 지출 비율을 높일 수 있다.

또한 강세장에서 은퇴하는 행운이 있는 경우에도 유연성을 유지하여 인출하는 동안에도 포트폴리오가 계속 성장할 수 있도록 하라. 그것이 당신을 행복하게 만드는 일이라면 나중에 더 많은 돈을 쓸 수 있다. 어쩌면 그것은 당신 자신에게 쓰는 돈일 수도 있고, 어쩌면 사랑하는 사람을 위한 지출일 수도 있다. 당신은 자신의 상황을 철저하게 검토하거나 수치화 할 수 있는 재무 자문과 협력하여 은퇴 후 10년, 15년, 20년 후에 지출을 늘릴 수 있는 유연성을 얻을 수 있다. 그리고 여전히 충분한 저축을 유지하며 안전하게 생활할 수도 있다.

KFP Note

은퇴 기간 동안 저축한 자금의 이자보다 물가가 더 상승한다면 오랜 기간

모았던 돈은 결국은 줄어들게 된다(실제로 우리나라는 2022년 5월, 기준금리는 1.75%인데 소비자물가는 5.4% 상승했다). 이쯤에서 우리는 질문해 봐야 한다. 원금 손실이 위험한가, 인플레이션을 이기지 못하는 이자율이 위험한가? 단기간이라면 원금 손실이 위험할 수 있겠지만, 장기간 운용되어야 하는 은퇴 자금이라면 인플레이션을 이기지 못하는 것이 훨씬 더 위험할 수 있다. 그리하여 노후 자금은 원금을 보장해 주는 대신 아주 적은 이자를 주는 것보다 확정적이지는 않지만 물가 상승을 초과할 수 있는 수익을 내는 것으로 준비해야 한다.

하지만 전업 투자자가 아니라면 매번 종목을 고르고, 언제 사고 언제 팔아야 할지를 수시로 확인하는 직접투자를 하는 것은 쉽지 않다. 투자는 해야 하는데 어떻게 해야 할지 잘 모르겠다면, 자신을 대신하여 투자를 할 수 있는 전문가를 고용하는 방법도 있다. 대표적인 간접투자 방법인 펀드가 그것이다. 다만 누군가가 나 대신 투자를 해주기 때문에 아무래도 수수료가 발생하게 되고, 적극적으로 운용하는 펀드일수록 수수료가 비싸다. 간접투자 방식이지만 비용을 조금 줄일 수 있는 방법이 있다면 어떠한가? 바로 인덱스펀드가 이러한 비용을 절감하면서 간접투자 할 수 있는 방법이다. 인덱스펀드란 KOSPI 또는 S&P500 등 특정 지수의 수익률을 따라가는 펀드로 시장의 변동성에 따라 증가하거나 감소하므로 장기적으로 안정성을 제공하고 시장이 장기적으로 우상향한다고 하면 안정성 있는 수익을 기대할 수 있다. 시장 지수를 따라가는 것이기 때문에 특정 주식을 선택하거나 시장 타이밍을 예측할 필요도 없고 활발한 거래와 관리에 따른 비용이 적어서 운용 수수료가 상대적으로 낮다. 인덱스펀드와 비슷한 투자 방법이

ETF(상장지수펀드)이다. ETF는 주식처럼 거래소에서 거래되는 투자 펀드로 주식처럼 매수하거나 매도할 수 있고 시장 가격에 따라 실시간으로 거래된다. ETF는 특정 지수를 추종하여 그 성과를 반영하기 때문에 투자자는 해당 지수의 시장 성과를 그대로 따라갈 수 있다. 예를 들어 KOSPI200 지수를 추종하는 ETF는 KOSPI200의 성과를 모방한다고 볼 수 있다. 인덱스펀드나 ETF는 관리 수수료가 낮고 하나의 펀드를 통해 여러 자산에 분산투자 할 수 있으며 장기적으로 수익을 낼 수 있는 투자 방법이다.

투자를 할 때는 자신만의 원칙이 있어야 한다. 첫째는 위에서 말한 것과 같이 지수를 추종하는 투자를 하라는 것이다. 실제로 과거 10년간 개인투자자가 시장수익률을 초과한 수익을 냈던 적이 한 번도 없다. 내가 전문적인 투자자가 아니라면 시장을 추종하는 투자를 해야 한다. 두 번째는 투자는 장기적으로 해야 한다. 3년 이내에 필요한 자금을 무리하게 단기투자 하는 것은 위험할 수 있다. 어떻게 시장상황을 예측하고 통제할 수 있겠는가? 시장은 반드시 변동성이 있다. 오르락내리락을 반복하며 성장한다. 그러기에 성장할 때까지 참을 수도 있어야 한다. 따라서 단기적으로 말고 장기적으로 투자해야 한다. 세 번째는 시장은 약세장이 있고 강세장도 있다. 내가 그 시점을 예측할 수 있다면 저점에 사서 고점에 팔면 되지만, 그 누구도 예측할 수 없다. 따라서 기간을 분산하여 적립식 분할매수해야 한다. 시장이 하락하면 많이 살 수 있고 상승하면 내 자산의 가치가 상승한다. 단순하지만 확실한 투자 방법이라고 할 수 있다. 이러한 투자가 우리의 노후자금을 인플레이션 위험에서도 최소한의 구매력을 보존해 줄 것이다.

✓ 은퇴 체크 리스트

- 은퇴 생활에 소요되는 비용을 산정한다.
- 고정적 소득원(사회보장, 개인연금, 소득연금 등)으로 필수 생활비를 충당하는 것을 목표로 한다.
- 보장 소득을 창출하는 방법으로 소득연금을 고려한다.
- 보장 소득으로 필수 생활비 전액을 충당하지 못하는 경우를 대비하여, 최소 2년간의 비상 자금을 현금성 자산으로 확보한다.
- 은퇴 첫해에는 포트폴리오의 3% 이하를 지출하는 계획을 수립한다.

7장

은퇴 자금 투자전략

자, 이제 심호흡을 해보자. 이제 많이 배웠다. 지금까지 배운 모든 것을 이해했다면, 자신의 자금을 더 잘 통제할 수 있다는 느낌을 갖게 되었을 것이다. 사회보장과 같이 보장된 수입원으로 월 생활비의 전부 또는 대부분을 충당할 수 있는 전략을 세우는 것이 재정적 스트레스를 줄이는 가장 확실한 방법이다. 이제 당신은 이러한 보장된 소득을 통해 필요한 전부는 아니더라도 대부분을 충족할 수 있도록 하는 계획을 세우는 방법을 학습했다.

이번 장에서는 은퇴 자금 투자 관리를 다룬다. 나는 이것이 종종 당신에게 심대한 스트레스를 줄 수 있다는 것을 잘 알고 있다. 당신은 퇴직연금 계좌, 개인연금 계좌 및 일반 투자 계좌에 있는 자금이 은퇴 후 수십 년 동안 계속해서 당신의 생활을 지원할 수 있는지 확인하고 싶을 것이다. 나는 당신의 불안이 어디서 오는지 알고 있다. 하지만 이 장을 마치면 자신이 무엇을 해야 할지 이해하게 될 것이라고 약속한다. 그리고 당신이 투자 결정에 전적으로 책임을 지고 싶지 않다면 재무 자문가를 고용하는 것을 완전 지지한다는 점을 분명히 하고 싶다. 하지만 나는 우선적으로 당신이 투자의 실전 전략을 이해하기를 바란다. 이 장에서 배우는 내용은 재무 자문가를 찾는 데에도 도움이 될 것이다. 재무 자문가의 조언이 여기서 다루는 내용과 일치한다면 당신은 좋은 사람을 찾았다고 확신할 수 있다. 하지만 어떤 조치를 취해야 할지 논의하기 전에 절대로 유혹에 넘어가서는 안 될 의사결정 사항 하나를 이야기하고 싶다.

공짜 점심은 없다

당신과 당신의 투자 계좌는 은퇴가 가까워지면 크게 주목받게 될 것이다. 그것은 마치 당신의 등 뒤에 "저는 은퇴했고 퇴직연금 계좌와 개인연금 계좌를 어떻게 투자 관리해야 하는지 잘 모르겠습니다"라는 글귀를 붙이고 있는 것과 같다. 당신은 그 자금을 관리하고자 하는 재무 자문가들로부터 받게 될 편지와 이메일, 심지어는 전화에 놀랄 것이다. 물론 수수료가 부과된다. 나는 당신을 무료 은퇴 투자 세미나에 초대하는 재무 자문가도 피하길 바란다. 세미나의 일부로 제공되는 무료 점심에 그냥 참석할 수 있다고 생각하지 말라. 그것은 당신에게 무해한 어떤 샌드위치처럼 보일 수도 있다. 그러나 재무 자문가가 판매하는 것은 무엇이든 구매의 유혹에 빠져들기 쉽다. 이러한 세미나는 종종 당신에게 고가의 투자전략과 금융상품을 판매하여 막대한 커미션이나 수수료 수익을 얻고자 하는 재무 자문가에 의해 운영된다. 그리고 그 사람들은 매우 세련되고 친절해서 그들이 추진하는 것이 무엇이든 대단한 일이라고 믿기 쉽다. 투자에 도움을 받고 싶다면 우선 자신에 대해 아는 것이 필요하다. 신뢰할 수 있는 재무 자문가를 찾기 위해 조사를 해야 한다(이에 대한 자세한 내용은 다음 장에서 설명한다). 나는 훌륭한 재무 자문가가 굳이 무료 점심 세미나를 운영할 필요가 있는지 의문스럽다.

새로운 것은 없다

은퇴 자금 투자에 대해 알아야 할 가장 중요한 점은 투자 기법이 직장에서 퇴직연금 계좌나 개인연금 계좌에서 수십 년 동안 해 왔던 것과 실제로 크게 다르지 않다는 것이다. 당신의 퇴직연금 계좌는 당신에게 뮤추얼펀드 투자를 제안했을 가능성이 높다. 당신은 주식과 채권 펀드를 혼합하여 소유하고 있었을 것이다. 퇴직연금 계좌를 개인연금 계좌로 전환하기로 결정했더라도 똑같은 조치를 취하게 된다.

은퇴 후에도 당신은 거의 같은 방식으로 투자를 계속할 것이다. 다양한 포트폴리오를 갖고 싶고 수수료 비용을 낮게 유지하고 싶을 것이다. 그리고 당신은 장기적인 성장을 제공하는 데 있어 적절한 균형을 맞출 수 있도록 하는 주식과 채권의 혼합을 원할 것이다. 또한 당신은 장기간의 은퇴 기간에 따른 인플레이션 대비 계획을 수립해야 하며, 안전은 은퇴 이후 시간의 경과에 더욱 중요해진다.

은퇴 자금 투자 시 고려 사항
— 최소 95세까지 생존한다고 가정한다
— 인플레이션 대응 전략을 수립한다

- 은퇴 자금 포트폴리오 전략을 수립한다
- 수수료가 저렴한 인덱스펀드, ETF로 다양한 투자 포트폴리오를 구축한다
- 은퇴 자금 투자에 적절한 주식을 보유한다
- 은퇴 자금 투자에 적절한 채권을 보유한다
- 선택과 의사결정을 두려워하지 않는다

최소 95세까지 생존한다고 가정한다

이 책에서 이미 여러 번 반복했던 조언을 다시 이야기하고자 한다. 이것은 수십 년 동안 당신을 지원할 수 있는 견고한 은퇴 소득 계획 수립에 도움이 되는 핵심 사항이므로 반복할 가치가 있다. 맞다. 장수에 대해 다시 한번 이야기해 보자. 건강이 좋은 사람이 최소 95세까지, 보다 안전하게는 100세까지 생존하는 것으로 가정하여 은퇴 계획을 수립해야 한다. 하지만 상당수 사람들이 자신이 오랫동안 생존할 수 있다는 사실을 별로 생각하지 않는 것 같다. 연구에 따르면, 우리들은 현재의 자신과 미래의 나이 든 자신을 연결하여 생각하지 않는 경우가 많다. 대부분 현재의 자신에만 집중하고 있다. 올해와 내년에 청구서를 지불할 수 있는지 여부에만 관심을 두고, 지금으로부터 20년 또는 30년 후에 발생하게 되는 청구서를 어떻게 지불할 것인지에 대해서는 거의 생

각하지 않는다. 따라서 이 문제를 한 번 더 말한다. 건강상의 문제가 있어 수명이 단축될 것이라는 진단을 받은 것이 아니라면, 25~30년 동안 길고도 긴 은퇴 생활을 할 것이라는 가정하에 투자전략을 수립하기 바란다.

My Story

아버지가 돌아가셨을 때 어머니는 66세였다. 아버지는 어머니에게 약간의 돈을 남겨주셨지만 많지는 않았다. 부모님과 조부모님이 60대에 세상을 떠나셨기 때문에, 어머니는 앞으로 남은 인생이 얼마 남지 않았다고 생각했다. 그래서 어머니는 크게 돈 걱정이 없었다. 그런데 어머니는 97세까지 살았다. 80대 초반이 되자 어머니는 저축한 돈은 모두 없어졌고 남은 것은 사회보장뿐이었다.

내가 직접 나서서 어머니를 지원할 수 있는 위치에 있다는 것이 너무 감사했다. 나는 이미 어머니의 자금을 관리하고 있었고, 자금이 고갈되었을 때 어머니의 청구서를 내가 지불하고 있다고 결코 말하지 않았다. 내 생각엔 어머니는 마음속으로는 알고 있었지만 동시에 아버지가 남겨주신 자금으로 생활하고 있다고 생각하고 싶었던 듯하다.

나는 은퇴 계획에 관해 이야기할 때마다 어머니를 생각한다. 60대에는 97세까지 사는 걸 상상도 못 하셨다. 나의 어머니처럼 90대까지 문제없이 잘 사는 게 상상이 안 될 수도 있다. 하지만 투자전략은 장수를 가정하는

> 것이 좋다. 그렇게 하는 것이 당신과 당신이 사랑하는 가족에게 좋다. 당신에게 개입하여 도움을 줄 수 있는 가족이 있더라도, 마음속으로는 경제적 자립을 선호한다는 것을 나는 알고 있다. 우리 어머니처럼 97세까지 산다고 해도 그럴 것이다.

인플레이션 대응 전략을 수립한다

이제 우리는 자신의 투자 계획이 오랫동안 효과가 있을지 확인해야 한다. 투자 기간이 30년으로 늘어나면 지금부터 수십 년 후의 생활비가 현재 비용보다 훨씬 더 커질 것이라는 점을 고려해야 한다. 30년 전에 구입한 자동차, 아니면 25년 전에 구입한 집 또는 40년 전 대학 등록금을 기억해 보라. 오늘날 이 모든 것이 훨씬 더 많은 비용이 든다는 것을 당신은 잘 알고 있다. 당신이 성인이 되어 경험했던 인플레이션이 은퇴 후에 마법처럼 사라지지는 않는다.

당신의 은퇴 계획이 본인의 집에 계속 머무르는 것이라면, 재산세, 보험 및 유지관리 비용은 앞으로 점점 더 높아질 것이다. 임대하는 경우에는 임대료가 수년에 걸쳐 청구될 것이다. 여행 비용도 상승할 것이고, 건강상 도움이 필요한 경우 생활 지원 서비스나 방문 요양 서비스와 같은 의료 비용은 현재보다 훨씬 높을 것이다.

2022년에 우리 삶의 구석구석을 강타할 것 같은 급격한 인플레이션율의 급격한 상승 이후, 은퇴 소득 계획을 세울 때 인플레이션을 고려하는 것이 얼마나 중요한지 새삼 설명할 필요는 없을 것 같다. 나의 조언은 인플레이션이 연간 3%씩 상승할 것이라는 가정을 바탕으로 계획을 수립하라는 것이다. 이것은 우리가 2022년에 경험했던 것보다는 훨씬 낮지만 실제로는 장기 평균 인플레이션율이다. 그리고 오늘날 인플레이션이 낮다고 해서 항상 낮을 것이라고 가정하는 것은 위험하다고 생각한다.

연평균 3%의 인플레이션율이 은퇴 비용에 어떤 영향을 미치는지 한번 살펴보자. 인플레이션율이 3%라고 가정할 때, 오늘 1천 달러의 비용을 지불하기 위해 향후 몇 년 동안 지출해야 할 금액은 다음과 같다. 현재 1,000달러, 5년 후 1,160달러, 10년 후 1,340달러, 25년 후 2,090달러, 30년 후 2,430달러다. 2022년의 인플레이션에 따라서 4%의 인플레이션율을 가정하고 싶다면 그것도 괜찮다. 내가 권장하고 싶은 것은 모든 계획 결정에서 최소한 장기 평균 3%를 고려하라는 것이다.

이것은 우리의 첫 번째 투자 과제로 이어진다. 인플레이션을 따라잡기 위해서 은퇴 자금을 어떻게 투자해야 하는가? 답은 주식이다. 지난 수십 년 동안 주식은 평균적으로 인플레이션율보다 높은 수익률을 제공했다. 신용조합이나 은행 예금은 일반적으로 인플레이션을 따라가지 못했다. 중기 채권은 예금보다 조금 더 나은 성과를 거두었지만, 인플레이션을 능가하는 수익률을 제공하도록 설계되지 않았다.

물론 주식에는 문제가 있다. 우리 모두 최근 2020년과 2022년의 주식시장을 경험했으므로 새삼 지적할 필요는 없지만, 주식은 침체기를 거치면서 사람들을 두려움에 떨게 하는 경향이 있다. 하지만 그렇다고 해서 은퇴할 때 주식에서 자금을 모두 인출하는 것이 더 안전하다는 의미는 아니다. 모든 것을 예금으로 보관하거나 국채에 보관한다면 10년, 20년, 30년 후에 인플레이션으로 인해 발생하는 높은 생활비를 감당할 수 있는 계획은 무엇인가? 결론은 대부분의 사람들에게 주식은 투자 계획의 필수가 될 가능성이 높다는 것이다.

나는 당신에게 모든 자금을 주식에 넣어 두라고 제안하는 것이 아니다. 그러면 안 된다! 내가 하고 싶은 말은 주식에 자금을 일정 정도 투자해야 한다는 것이다. 현재 50대와 60대라면 상황에 따라 이미 포트폴리오의 상당 부분(어쩌면 절반)을 채권에 투자했을 것이다. 그러나 투자 가능한 자산의 나머지 절반은 주식에 있을 가능성이 높다.

하락장에서 도망치지 말라

이전 장에서 이에 대해 논의했지만, 다시 한번 강조한다. 주식이 너무 위험하다고 생각하여 주식을 피하지는 말라. 이보다 위험한 것은 1%에서 3% 정도의 수익을 올리는 저축 계좌에 자금을 넣어두고 은퇴 비용을 감당하기 어려워서 원금을 너무 빨리 인출하는 것이다. 탄탄한 배분 전략을 가지고 있다면, 주식과 채권을 일정 정도 소유하게 될 것이다. 채권은 주식을 계속 소유할 수 있도록 감정적으로나 재정적으로 가능하게 해준다. 약세장이 닥치더라도 당신은 채권에 많은 돈을 투자할 수 있다. 이 장의 뒷부분에서 설명하겠지만 미국 국채는 은퇴자에게 가장 좋은 채권이다. 그리고 주식 하락장에서는 국채 가치가 상승하는 경향이 있다.

나는 2022년에 일어난 일이 그런 것이 아니라는 것을 알고 있다. 그러나 당시는 정상적인 상황이 아니었다. 금리가 너무 낮았고 연준은 금리를 빠른 속도로 높이도록 강요했다. 이로 인해 채권 펀드와 ETF 투자자들에게 손실이 발생했다. 그러나 이는 또한 채권시장 금리가 높아지는 보다 정상적인 상태로 돌아가는 데 도움이 되었다. 이로 인해 다음 약세장에서는 주식이 하락할 때 채권이 생명을 구하는 전형적인 역할로 되돌아갈 수 있다고 예상할 수 있다.

하락세가 닥치고 이미 은퇴하여 자금을 인출해야 하는 경우, 당신의 목표는 예금 저축에서 자금을 인출하는 것이어야 한다. 하락장은 당신이 몇 년간의 은퇴 소득을 예금해 두는 이유임을 기억하라. 또는 채권에서 자금을 인출하라. 목표는 약세장에서 주가가 급락한 주식에 손을 대지 않는 것이다. 그리고 인출 규모를 줄일 수 있다면 현명한 방법이다.

약세장에 대처하는 방법

나이가 많은 투자자의 장점 중 하나는 약세장이 영원히 지속되지는 않으며 인내심이 가장 큰 자산이라는 점을 알고 있다는 것이다. 평균적으로 약세장에서의 손실은 약 35%이고, 하락세는 약 1년 동안 지속되며, 주식이 하락 이전 수준으로 돌아가는 데는 평균 2년이 더 걸린다. 당신은 이를 견딜 수 있는 자금이 있을 것이다.

3년 동안 필요한 수입을 충당하기 위해서는 채권과 배당주에 투자하라. 주식 포트폴리오를 회복하는 데 6년이 필요하더라도(2007년에 시작되어 금융위기를 겪은 약세장이 끝나고 주식이 회복되는 데 걸리는 시간) 투자한 금액은 충분할 것이다. 그리고 앞 장에서 다루었듯이 생활비의 대부분을 사회보장과 연금과 같은 보장된 소득으로 충당할 수 있다면, 하락장을 침착하게 극복할 수 있는 훨씬 더 좋은 위치에 있다.

은퇴 자산
포트폴리오 전략을 수립한다

주식과 채권 사이에 투자 파이를 나누는 방법은 매우 개인적인 결정이다. 몇 가지 권장 사항이 있지만 모든 사람에게 적합한 단 하나의 최고 배분 전략은 없다는 점을 강조하고 싶다. 모든 사람의 목표는 자신감과 마음의 평화를 가져다 주는 투자 계획을 수립하는 것이다. 당신, 오직 당신만이 무엇이 옳다고 느끼는지 알고 있다.

나의 목표는 고려해야 할 사항에 대한 명확한 통찰력을 제공하는 것이다. 예를 들어 주식에 얼마나 투자하고 싶은지 생각하는 데 도움이 되는 경험칙이 있다. 110에서 현재 당신의 나이를 뺀다. 이것이 당신이 고려해야 할 주식투자 비중이다. 예를 들어 당신이 현재 65세라면 110에서 65를 빼 45가 된다. 따라서 포트폴리오의 45%를 주식으로 보유하면 된다. 당신이 70세라면 35%의 주식을 보유하는 것이 합리적일 수 있다. 이 간단한 계산의 기본 개념은 안정성을 확보하기 위해 많은 채권을 보유하는 동시에 인플레이션을 능가하는 이익을 창출하기 위해 자금의 일부를 주식에 투자한다는 것이다. 시간이 지나면서 조정할 수 있다. 80세 또는 85세가 되면 주식 보유량을 줄이는 것을 고려할 수 있다. 아니면 시장이 너무 좋아서 필요한 은퇴 자금을 이미 모두 확보했을 수도 있지만, 상속 재산을 늘리기 위해 계속해서 주식에 투자하고 싶을 수도 있다.

이것은 단지 하나의 가이드일 뿐이다. 당신은 자신에게 무엇이 필요한지 생각해야 한다. 생활비가 모두 보장된 소득으로 충당된다면 주식에 더 많이 투자하는 것을 고려해 볼 수도 있다. 당신은 현재 청구서를 지불하는 데 주식에 의존하지 않아도 되기 때문이다.

그러나 나는 또한 내가 감정지수라고 부르는 것을 진지하게 생각해 보기를 바란다. 은퇴 후 2007년 말에 시작된 것과 같은 약세장이 있다면 어떤 기분이 들겠는가? 나는 다음 하락세가 금융위기 당시만큼 격렬할 것이라고 예측하는 것은 아니지만, 당신은 그 느낌이 어땠는지 기억할 것이다. 투자 계획을 고수할 수 있었는가? 아니면 두려움과 걱정에 지쳤었는가?

또는 은퇴가 훨씬 가까워지고 또 다른 약세장을 경험한 2022년에 어떤 느낌이었는지 생각해 보라. 은퇴 후에는 감정이 훨씬 더 크게 작용할 수 있다는 점을 인식하라. 더 이상 정기적인 급여가 없으면 투자에 무슨 일이 일어나고 있는지에 더욱 집중하게 되는 경향이 있다. 그리고 당황하면 잘못된 결정을 할 수 있고, 화가 났을 때 제대로 대처하지 못할 수 있다.

2008년에는 너무나 많은 사람들이 두려움 때문에 주식을 팔았다. 그들은 자신들의 결정이 즉각적인 안도감을 가져왔기 때문에 기분이 좋았다. 하지만 그들은 다시 주식에 투자할 용기가 없었다. 그들은 2009년에 시작되어 2020년 3월 팬데믹이 닥칠 때까지 멈추지 않았던 강세장 동안 그 돈으로 겨우 1%의 수익을 올렸을 것이다. 결국 3년, 4년, 5년 후에 다시 기회가 돌아왔지만 그들은 이미 큰 이득을 놓쳤다.

불안을 유발하고 성급하고 감정적인 결정을 내릴 수 있는 전략을 세우는 것은 의미가 없다. 보다 좋은 조치는 보유하고 있는 재고량을 줄이는 것이다. 우리가 논의한 경험칙에 따르면, 주식 보유 비율이 45%라면 이를 40%로 낮출 수도 있고, 목표가 55%라면 이를 50%로 줄일 수도 있다. 자신이 상당한 비중으로 주식을 소유하는 것을 생각할 수 없다면, 이는 진실을 고수하는 중요한 결정이다. 그러나 주식을 보유하지 않기로 결정하거나 아주 적은 비중만을 보유하기로 결정했다면, 그 결정이 당신의 재무적 안정에 어떤 의미를 가질 수 있는지에 대해 깊이 연구해 봐야 한다.

주식에 투자한 돈이 적다면 장기적으로 인플레이션을 능가하는 이익을 얻을 만큼 돈이 충분하지 않을 수 있다. 이는 80세, 85세, 90세가 되었을 때 더 높은 생활비를 감당하지 못할 수도 있음을 의미한다. 하나의 위험(주식시장 변동성)을 새로운 위험(돈이 인플레이션을 따라가지 못함)으로 바꾸는 것이다. 이런 경우 지금부터 수십 년 동안 더 높은 생활비를 감당할 수 있도록 다른 조치를 취해야 한다. 한 가지 방법은 지출을 줄여 나중에 은퇴 자금을 더 많이 확보하는 것이다. 3장에서 설명했듯이 오늘 하루 수입 이하로 생활하면 다음에 더 많은 생활비를 사용할 수 있다.

포트폴리오에 의존하여 식료품을 사고, 주택 비용을 충당하고, 공과금을 지불하는 경우에는 그런 도박을 할 여유가 없다. 하락장에서는 전체 포트폴리오가 30% 또는 40%의 타격을 입을 수 있다. 그런 일이 발생하고 생활비를 충당하기 위해 멍든 포트폴리오에서 인출해야 한다면 은퇴 안전을 위험에 빠뜨리는 더 깊은 구멍을 파고 있는 것이다. 약세장이 닥쳤을 때 당신의 목표는 포트폴리오의 주식 부분에 손대지 않아도 되는 것이어야 한다. 이미 가치가 하락한 포트폴리오에서 자금을 인출하면 그 돈은 영원히 사라지게 된다.

수수료가 저렴한 인덱스펀드와 ETF로 다양한 포트폴리오를 구축하라

주식과 채권의 적절한 포트폴리오를 결정했다면 성공적 투자를 위해서는 다음 3가지만 성공하면 된다.

다양한 주식과 채권을 소유한다

다각화는 이것에 대한 기술적 명명이다. 수수료가 낮은 인덱스펀드와 ETF를 소유하는 것은 다각화된 투자자가 되는 가장 쉽고 효율적인 방법이다. 개별 종목에 투자하고 싶다면 분산투자에 유의하기 바란다. 내 조언은 어떤 단일 주식도 포트폴리오 측면에서 자금의 4% 이상을 차지해서는 안 된다는 것이다. 예를 들어 개별 주식만 보유한다면 최소 25개 주식으로 구성된 포트폴리오를 보유하고 4%를 초과하는 주식은 없도록 하는 것이 좋다. 단일 주식에 대규모 투자를 하는 것은 너무 위험하다. 큰 베팅이 실패하여 포트폴리오가 폭락할 위험을 감수할 수는 없다. 나도 25개 이상의 주식을 소유하고 있다.

시장을 이기려 하지 않는다

투자에는 인덱스(indexing)와 액티브(active)라는 두 가지 주요 진영이 있다. 인덱스펀드는 Standard & Poor's 500 주가지수와 같은 벤치마크를 추적하는 주식 또는 채권에 투자한다. 인덱스는 종종 '패시브'(passive) 투자라고 한다. 배후에서 무엇을 사고팔 것인지 결정하는 관리자가 없기 때문이다. 적극적인 투자자들은 지수의 성과를 이기려고 노력한다. 적극적 투자가 올바른 방향이라고 생각하는 것이 합리적일 수 있다. 누가 시장을 이기고 싶지 않겠는가? 그러나 즉각적인 투자자들은 형편없는 기록을 가지고 있다. 대다수의 투자 전문가는 목표 지수보다 더 나은 수익을 창출하지 못한다. 그리고 적극적 투자 매니저가 1년, 2년, 3년 동안 일정한 투자 성과를 거두더라도 장기적으로 적극적 운용 펀드가 '지루한' 인덱스펀드보다 일관되게, 더 좋은 투자 성과를 낼 가능성은 희박하다.

투자 전문가들이 똑똑하지 않다는 것은 아니다. 어떤 사람들은 아주 굉장한 성과를 거둔다. 그러나 모든 펀드는 투자자들에게 연간 수수료를 부과한다. 액티브펀드는 대부분의 인덱스펀드보다 높은 수수료를 부과하며, 해당 수수료가 액티브펀드의 총수익에서 공제되면 당신의 계정에 들어가는 순이익은 일반적으로 저비용 인덱스펀드나 ETF에 투자하는 경우보다 적다. 이는 우리에게 투자의 최종적이고 중요한 규칙을 제시한다.

낮은 수수료를 부과하는 인덱스펀드나 ETF에 투자한다

인덱스펀드와 ETF는 모두 다양한 포트폴리오를 소유하는 최적의 방법이다. 뮤추얼펀드나 ETF에 투자하면 수십, 때로는 수천 개의 개별 주식이나 채권의 소유자가 되는 것이다. 당신의 임무는 당신이 소유한 뮤추얼펀드나 ETF가 비용이 없거나 저렴한지 확인하는 것이다. 좋은 무료 또는 저렴한 인덱스펀드와 훌륭한 저비용 ETF가 있다. 둘 중 하나에 투자하거나 모두에 투자할 수 있다. 중요한 것은 저비용 옵션을 고수하는 것이다.

뮤추얼펀드(mutual fund)

당신은 뮤추얼펀드에 대해 잘 알고 있을 것이다. 이것은 대부분의 연금 투자의 중추이며, 개인연금 계좌에 몇 개의 펀드를 소유하고 있을 가능성이 높다. 당신이 다음 3가지 규칙을 따른다면, 뮤추얼펀드는 은퇴 자금을 투자하는 좋은 방법이다.

• **무부하**(no-load)**펀드**[1] **에 집중한다** 당신과 내가 투자를 시작했을 무렵 대부분의 중개인은 부하(load)라고 알려진 판매 수수료를 부과하는 뮤추얼펀드를 판매했다. 좋은 소식은 이제 부하펀드는 매우 인기가 없다는 것이다. 뮤추얼펀드의 주식을 소유하기 위해 판매 수수료를 지불해야 할 이유는 없다.

• **인덱스펀드에 투자한다** 뮤추얼펀드에는 인덱스펀드와 적극적으로 (active) 관리되는 펀드, 두 가지 유형이 있다. 반복해서 이야기하지만 적극적으로 관리되는 펀드는 더 높은 수수료를 부과한다. 따라서 장기 수익률에 있어서 인덱스펀드를 능가하지는 못한다. 인덱스펀드에 투자하는 것이 좋다.

• **수수료가 낮은 인덱스펀드에 투자한다** 뮤추얼펀드와 ETF는 보수비용 비율(expense ratio)[2] 이라고 불리는 연간 수수료를 부과한다. 일부 적극적으로 관리되는 뮤추얼펀드는 연간 비용 비율이 1% 이상이지만, 상당수 인덱스펀드는 0.10% 미만의 비용 비율을 부과한다. Fidelity에는

---

[1] 주식을 사고팔 때 수수료나 판매 수수료를 부과하지 않는 펀드.
[2] (보수합계 + 기타비용) / 펀드 순자산

수수료를 전혀 부과하지 않는 4개의 ZERO 인덱스펀드가 있다.

ETF

ETF는 인덱스펀드와 매우 유사하다. 이것은 수십 개의 주식으로 구성된 다양한 포트폴리오다. 주요 차이점은 가격이 얼마나 자주 설정되는지와 관련이 있다. ETF의 즉각적인 가격 책정은 중요한 전문 거래자들에게 인기가 있다. 하지만 그것은 실제로 당신에게 가장 중요한 문제가 되어서는 안 된다. 장기 투자 전략이 있고 이것이 은퇴 포트폴리오의 전부라면, ETF의 즉각적인 가격 책정이 필요하지는 않다. 장기자금을 투자할 때 시장이 폐장하고 판매(또는 구매) 가격이 결정될 때까지 몇 시간을 기다리는 것이 은퇴 자금 투자의 성공을 성사시키거나 중단시키지는 않을 것이다.

나는 분명히 하고 싶다. ETF는 은퇴 자금을 투자하는 좋은 방법이지만 거래일 동안 매매할 수 있고 시장가격이 즉각 반영된다는 것이 그 핵심 요인은 아니다. 당신과 같은 장기 투자자에게는 이것이 중요한 고려 사항은 아니라는 의미다. ETF의 중요한 가치는 지수를 추적한다는 것이다. 적극적으로 관리되는 ETF는 거의 없다. 그리고 인덱스 ETF는 수수료가 매우 낮다.

비용 비율에 주의를 기울이면 큰 보상을 얻을 수 있다

뮤추얼펀드와 ETF가 부과하는 연간 수수료, 즉 비용 비율은 작은 감자처럼 보일 수 있다. 가장 높은 비용 비율도 일반적으로 1%를 넘지 않는다. 별로 크게 보이지 않을 수 있다. 하지만 0.10% 미만의 매우 낮은 비용 비율을 부과하는 인덱스 뮤추얼펀드나 ETF에 투자하면 은퇴 기간 동안 수천 달러를 더 지출(또는 저축)할 수 있다.

비용 비율은 명세서에 표시되는 항목별 비용이 아니다. 펀드 또는 ETF의 총수익에서 보이지 않게 공제되는 비용이다. 예를 들어 펀드의 총수익률이 6%이고 1%의 비용 비율이 부과된다고 가정해 보자. 계좌에 입금되는 순수익률은 5%이고, 1%의 비용 비율을 부과하는 펀드에 투자하는 대신 0.10%의 비용 비율을 부과하는 펀드를 사용한다고 가정해 보자. 총수익률이 동일하게 6%라고 가정하면 계좌에는 5.9%가 적립된다.

순수익률이 5%인 펀드에 100,000달러를 투자하는 경우(1%의 비용 비율을 공제한 후), 첫해가 지나면 계정의 가치는 105,000달러가 된다. 대신 5.9%의 수익률(0.10%의 비용 비율 공제 후)을 냈다면 계좌 가치는 105,900달러가 된다. 저비용 펀드를 현명하게 선택했기 때문에 900달러를 더 갖게 된 것이다. 20년 동안 계속되면 복리로 불어난다. 연 5.9%의 수익을 올렸다면 100,000달러는 약 315,000달러로 늘어나고, 연 5%의 수익을 올렸다면 약 265,000달러가 될 것이다.

이제 내가 왜 낮은 비용 비율이 매우 중요하다고 생각하는지 이해했을 것이다. 더 높은 위험을 감수하지 않고도 수만 달러의 소득을 추가할 수 있는 것은 절대 놓쳐서는 안 될 기회다. 저비용 인덱스 뮤추얼펀드와 ETF

가 바로 그 방법이다.

▌은퇴 자금 투자에 적절한 주식을 보유한다

좋다. 우리는 당신이 일부 주식을 소유하기를 원한다는 것을 확인했다. 무부하 인덱스펀드나 수수료 없는 ETF가 다양한 포트폴리오를 구축하는 현명한 방법이다. 그러면 하나의 커다란 질문이 남는다. 어떤 유형의 주식 펀드나 ETF를 보유해야 하는가?

나는 주식 포트폴리오를 두 부분으로 나누는 간단한 접근 방식을 오랫동안 믿어 왔다.

— 85%는 미국 시장 인덱스펀드(broad 'total' U.S index fund) 또는 ETF에 투자한다.
— 15%는 국제 인덱스펀드 또는 ETF에 투자한다.

미국 인덱스펀드 또는 ETF는 수천 개의 주식을 소유할 수 있는 방법이다. 당신은 아마존, 애플, 마이크로소프트와 같은 대형주 그리고 중형주와 소형주를 소유하게 된다. 주식의 시가총액은 해당 주식의 가치에 주식 수를 곱한 값이다. 시가총액이 최소 100억 달러 이상인 주식은 일반적으로 대형주로 간주된다. 많은 대형주들은 실제로 수천억 달러의 시가총액을 갖고 있다. 내가 이 글을 쓰는 2023년 초 애플의 시가총액은 2조 달러가 넘는다. 소형주란 일반적으로 시가총액이 10억 달러 미만인 회사를 말한다. 중형주는 10억 달러에서 100억 달러 사이다.

나는 여러분 중 상당수가 S&P 500 지수 뮤추얼펀드나 ETF를 주식 포트폴리오의 기초로 사용하고 있다는 것을 알고 있다. 해당 지수의 주식은 대부분 대형주이다. 그건 아무 문제가 없다! 그러나 미국 주식시장 가치의 약 20%는 중형주와 소형주 기업에서 나온다. 전체 주식시장 펀드나 ETF에 투자하면 대기업과 중소기업도 함께 얻는다. 고려해 볼 가치가 있다고 생각한다.

S&P 500 인덱스펀드에서 전체 주식시장 인덱스펀드로 투자하려는 경우 퇴직연금 계좌 또는 개인연금 계좌 내에 있으면 세금이 부과되지 않는다. 일반 과세 계정으로 주식을 소유하고 있는 경우에는 전환하기 전에 세무 전문가와 상담해 보라. 일반 계좌의 한 펀드에서 다른 펀드로 자금을 이동하는 것은 주식을 팔기 위해 주식을 사는 것이 된다. 자본 이득을 초래하는 일반 과세 계정에서의 판매로 인해 세금이 부과된다. 변경하는 것이 여전히 타당할 수 있지만, 세무사는 세금 부담을 최소화하는 방법에 대해 조언해 줄 수 있을 것이다.

자, 이제 국제 주식에 대해 이야기해 보자. 미국 이외의 지역에 상장된 기업이 많이 있다는 것을 당신도 알고 있을 것이다. 글로벌 시가총액의 약 절반은 미국 이외의 지역에 기반을 둔 기업에서 나온다. 나는 미국 시장 위주로 투자하는 데서 오는 편안함을 완전히 이해한다. 나는 최소한 주식 포트폴리오의 15%는 미국 이외의 주식에 투자해야 한다고 생각한다. 광범위하게 다각화된 국제 인덱스펀드 또는 ETF는 선진국(예: 일본, 독일, 영국, 호주)뿐만 아니라 신흥 경제국(예: 중국, 인도)의 주식을 보유한다. 그러나 단순한 것이 매력적이라면 주식 포트폴리오의 대부분을 광범위하게 다각화된 미국 인덱스펀드에 투자하고 국제 인덱스펀드를 곁들이면 좋은 모습이 될 것이다.

배당주 투자: 좋다. 그러나 적당한 선에서 하라.

배당주 투자는 오랫동안 은퇴 투자전략의 필수 요소였다. 배당금이란 회사가 주주들에게 정기적으로 현금을 지급하는 것을 말한다. 월별, 분기별 또는 연간일 수 있다. 모든 회사가 배당금을 지급하는 것은 아니다. 일반적으로 상당한 이익을 낸 회사는 배당금을 제공하여 주주와 이익의 일부를 배분한다.

배당금의 가치를 주식의 주가로 나눈 값을 배당수익률이라고 한다. 예를 들어 주가가 50달러이고 연간 배당금이 1달러인 주식의 배당수익률은 2%다. 2023년 초 S&P 500 주가지수의 배당수익률은 약 1.6%다. 배당주에 집중하는 인덱스펀드와 ETF가 있는데, 2023년 초에는 배당수익률이 약 3% 정도로 더 높았다. 고배당주에 초점을 맞춘 일부 펀드는 훨씬 더 높은 배당수익률을 지급한다.

나는 배당주가 은퇴자들에게 매력적일 수 있다고 생각하지만, 이는 전체 시장 펀드에 대한 보완책일 뿐이다. 배당주만 있으면 은퇴 후 소득으로 생활할 수 있다고 생각하는 것은 위험할 수 있다. 우선 어떤 주식의 배당금도 영구적이지 않다. 회사가 어려운 시기를 맞이하면 배당금이 삭감될 수 있다. 금융위기 동안 많은 은행에서 이런 일이 일어났다. 그리고 높은 배당수익률은 회사가 힘든 시기를 겪고 있다는 신호일 수 있다는 점을 인식하는 것이 중요하다.

예를 들어 3년 전에 어떤 주식이 1달러의 배당금을 지급했고 주가가 50달러였다고 가정해 보자. 수익률은 2%다. 그 후 회사는 배당금을 1.10달러로 올렸지만 현재 주가는 25달러이다. 이 경우 배당수익률은 4.4%다. 배당주를 사고 싶다면 매력적으로 보일 수 있다. 하지만 주가가 왜 그렇게 많이 떨어졌는지 스스로 확인해 볼 필요가 있다. 큰 문제가 생기면 향후 배당수익률이 낮아져 주가가 계속 하락할 가능성이 크다. 더욱이 배당주에 집중한다면 가장 역동적인 성장주 중 일부를 무시하는 것이 될 수 있다. 지난 10년 동안 아마존, 넷플릭스, 페이스북, 구글 가장 수익성이 높은 대형주였지만, 아무도 배당금을 지급하지 않았다.

배당주가 매력적이라고 생각한다면 배당주를 미국 주식 보유의 작은 부분으로 만들라고 조언한다. 예를 들어 미국 브로드마켓[3] 인덱스 뮤추얼 펀드 또는 ETF에 85%를 보유하는 대신 브로드마켓 인덱스펀드에 65%, 배당 펀드나 ETF에 20%를 보유하고 해외 주식에 15%를 투자할 수 있다.

내가 지지하지 않는 한 가지 배당주 투자 방식은 배당금을 지급하는 주식을 사기 위해 보유 채권에서 돈을 인출하는 것이다. 이것은 아주 좋지 않다. 최근 많은 배당주가 우량채권보다 수익률이 더 높다는 것은 잘 알

---

[3] S&P 500 또는 Wilshire 5000과 같은 광범위한 시장 지수를 추적하는 펀드. 거래량이 많고 활발하다.

고 있다. (채권에 대한 자세한 내용은 아래에 나와 있다.) 그러나 은퇴 후 채권을 소유하는 이유는 채권이 인생의 은인이 될 수 있기 때문이다. 폭풍우가 치는 주식시장, 주식이 약세장에 있을 때 국채는 종종 이익을 실현한다. 대신 배당주에 투자한다면 하락장에서 크게 손실이 날 수 있다. 물론 2%나 3%의 배당금 지급은 계속될 수도 있다. 하지만 배당 펀드나 ETF의 주가는 주식 펀드처럼 크게 하락할 것이다. 분명히 말하고 싶다. 나는 배당주를 좋아한다. 그러나 채권을 대체할 수는 없다. 2009년 초에 끝난 약세장에서 배당주에 투자한 SPDR S&P 배당 ETF[4]는 52% 손실을 입었으며, 여기에는 배당금 가치가 포함된다. 배당주는 채권을 대체할 수 없었고 앞으로도 없을 것이다.

---

[4] Standard&Poor's Depository Receipts, SPDR. '스파이더'(거미)로 불리기도 한다. 미국 S&P 500에 편입되어 있는 주식을 기초 자산으로 만들어진 ETF로, 사실상 세계 최초의 ETF이며 전 세계에서 시가총액이 가장 큰 ETF이다. 2022년 1월 1일 기준 약 540조 원 정도의 시가총액을 보유하고 있다.

은퇴 자금 투자에 적절한 채권을 보유한다

국채, TIPS,[5] 지방채 등 고품질 채권에 집중하라

투자 포트폴리오에서 채권은 모두 안전에 관한 것이다. 목표는 주식이 하락할 때 가장 높은 가치를 지닌 채권을 소유하는 것이다. 은퇴 후 투자 포트폴리오에서 인출할 예정이라면 하락장에서 주식에 손대지 않도록 주의해야 한다. 당신은 포트폴리오에서 자금을 다시 인출하기 전에 포트폴리오의 손실을 복구하기를 원할 것이다. 주식이 하락하더라도 좋은 채권은 가치를 유지하며 약간 상승할 수도 있다. 채권에 40%, 50% 이상 투자했다면 주식을 매각하지 않고도 수년 동안 투자 포트폴리오의 채권에서 이자를 지급 받을 수 있다.

미국 국채는 은퇴 포트폴리오를 위한 최선의 선택이다

미국 국채는 가장 안전한 채권이다. 외국 정부를 포함한 투자자들은 확고한 평판 때문에 미국 국채를 소유한다. 글로벌 주식시장이 불안하고 '안전을 향한 탈출'이 진행되고 있다는 소식을 들을 때마다 이것은 투자자들이 미국 국채로 몰려들고 있음을 의미한다.

---

[5] Treasury Inflation Protected Securities(물가연동채권). 인플레이션 방어를 보장하는 미국 국채를 말한다.

현재 포트폴리오 중 절반 정도가 미국 국채에 투자되어 있을 가능성이 높다. 나는 여러분 대부분이 퇴직연금 계좌에서 뮤추얼펀드를 통해 채권을 소유하고 있다는 것을 알고 있기 때문에 이런 추측을 한다. 가장 인기 있는 유형의 채권 뮤추얼펀드를 코어본드펀드라고 한다. 이 펀드는 블룸버그 종합채권지수(Bloomberg Barclays U.S. Aggregate Bond Index)[6]를 추적한다. 2023년 초에는 지수의 약 45%가 미국 국채에 투자되었으며, 나머지는 투자 등급 회사채를 포함한 다른 유형의 우량 채권에 투자되었다.

이 인덱스펀드나 ETF를 소유하는 것에는 아무런 문제가 없다. 하지만 이것이 은퇴 재무에 있어서 최선의 선택은 아니다. 경기 불황이나 약세장 기간 동안 탄력적인 채권을 소유하는 데 중점을 두고 있다면(나는 이것이 은퇴 시 주요 초점이 되어야 한다고 생각한다) 국채만 소유하고 싶을 것이다. 최악의 금융위기 당시 시장을 되돌아보면, 왜 국채가 최선의 선택인지 생생하게 알 수 있다. 2008년 8월 말부터 10월 말까지 두 달도 채 안 되는 기간 동안 S&P 500 주가지수는 거의 35% 하락했지만, 블룸버그 종합채권지수는 5% 조금 넘게 하락했을 뿐이다. 뱅가드 중기 국채 지수펀드(Vanguard Intermediate-Term Treasury Index Fund)[7] 는 극심한 스트레스를 받는 기간에도 파산했다.

---

[6] 블룸버그 종합 채권지수 또는 'Agg'는 채권 트레이더와 뮤추얼 펀드 및 상장지수펀드(ETF)의 상대적 성과를 측정하는 벤치마크로 사용하는 광범위한 기반 채권 지수를 말한다. Agg는 채권 시장에 있어 윌셔 5000 종합주가지수와 같은 역할을 한다.

[7] 평균 만기가 5~10년인 중기 미국 국채에 주로 투자하여 적정하고 지속 가능한 수준의 경상 수입을 추구한다. 이 펀드는 신용 위험이 미미하고 이자율 위험에 대한 노출이 중간 정도다.

종합채권인덱스가 국채보다 더 많은 손실을 입은 이유는 회사채 및 기타 고품질 유형의 채권을 소유하고 있기 때문이다. 금융위기 속에서 기업 주가가 폭락하고 경제가 어려워지자 회사채도 위험해졌다. 재무 상태가 좋은 기업이 발행한 회사채가 부도 난다는 우려가 있었던 것은 아니지만, 극도의 스트레스를 받는 시기에 불안한 투자자들은 민간 기업의 채권보다 국채나 현금을 보유하고자 했다.

2008년의 사례는 실로 우리 생애에서 가장 극단적인 사례다. 그리고 다시 한번 종합채권인덱스를 추적하는 코어본드펀드를 고수하는 데 아무런 문제가 없다는 점을 분명히 하고 싶다. 국채가 보다 편안함을 제공할 것이다. 실제로 2007년부터 2009년까지 하락장에서 종합채권인덱스는 좋은 성과를 거두었다. S&P 500이 55% 하락한 기간 동안 종합채권 인덱스는 7.2% 상승했으며, 뱅가드 중기 국채 지수펀드는 16.7% 상승했다.

일반 투자 계좌(퇴직 계좌가 아닌)에 국채를 소유하고 있는 경우, 연방세를 납부해야 한다. 그러나 국채 이자는 주나 지방 차원에서는 세금이 부과되지 않는다. 소득세율이 높은 주에 거주하는 사람들에게는 국채가 회사채보다 훨씬 더 좋은 거래가 될 수 있다.

중기 채권에 집중하라

채권은 대출이다. 정부든 기업이든 발행인은 특정 날짜에 채권의 액면가를 상환해야 한다. 해당 날짜를 채권 만기일이라고 한다. 채권은 1

년에서 30년에 해당하는 만기를 갖고 있다. 그리고 채권 발행자는 투자자에게 정기적으로 이자를 지급한다(일반적으로 월별, 분기별 또는 연 2회). 단기 채권은 5년 이내에 만기가 도래한다. 중기 채권은 5~10년 만기이다. 장기 채권은 10년 이상이다. 채권의 만기가 길수록 발행인이 일반적으로 지불하는 이자 지급액(현금 수익률)은 높아진다. 즉, 장기 채권은 일반적으로 중기 채권보다 수익률이 높고, 중기 채권은 일반적으로 단기 채권보다 수익률이 높다.

금리가 상승할 때 장기 채권은 단기 채권보다 가격 하락 폭이 더 크다. 반대로 금리가 하락하면 장기 채권 가격이 상승한다. 2022년 채권 투자자들이 겪은 힘든 시기는 채권시장이 10년 넘게 매우 낮은 수익률에 머물러 있었는데, 이는 더 높은 수익률로 재설정되고 있었기 때문이다. 2022년에 일어난 일은 금리가 낮을 때 장기채를 피해야 하는 이유가 된다.

모든 채권 뮤추얼펀드나 ETF는 웹사이트에 포트폴리오 기간을 연도로 표시하여 게시한다. 예를 들어 단기 채권 펀드의 듀레이션(duration)[8]은 1.8년 또는 2.7년일 수 있다. 블룸버그 종합채권지수를 추적하는 핵심 채권펀드의 중간 듀레이션은 약 5.5년이다. 장기 채권펀드는 10년, 15년 또는 그 이상의 기간을 가질 수 있다. 펀드의 듀레이션은 금리가 변할 때 펀드의 채권 가격에 어떤 일이 일어날지에 대한 가이드가 된

---

[8] 듀레이션(Duration)은 채권의 만기, 수익률, 쿠폰 및 콜 특성을 고려하여 채권의 이자율 위험을 의미한다. 이러한 여러 요소는 채권 가치가 금리 변화에 얼마나 민감한지를 측정하는 값으로 계산된다.

다. 5년 만기 펀드의 경우 금리가 1% 포인트 상승하면 해당 펀드의 가격은 5% 하락한다. 듀레이션이 2.7년이라면 가격 하락 폭은 약 2.7%가 될 것이다. 듀레이션이 12.8년이면 해당 펀드의 채권 가격은 전체적으로 약 12.8% 하락한다.

그렇다. 금리가 하락할 때 장기 펀드와 ETF의 가격 상승 폭이 가장 크다는 것은 절대적으로 사실이다. 2023년에 경기 침체에 빠지면 그런 일이 실제로 일어날 수 있다. 그러나 우리가 집중해야 할 더 큰 위험은 금리가 더 오를 경우 채권 투자에 어떤 일이 일어날 수 있는지이다. 나는 중기 채권이 노후 소득을 위한 투자에 있어 더 안전하고 현명한 방법이라고 생각한다.

내가 이 글을 쓰는 2023년 초에 중기 국채를 포함한 모든 채권이 험난한 상황에서 벗어났다. 2022년 채권 수익률은 여전히 매우 낮았다. 10년 이하의 만기 국채 수익률은 2% 미만이다. 2008년 금융위기 이후 수익률은 낮았다. 그러다가 2023년이 됐다. 연준은 인플레이션율의 큰 상승에 맞서기 위한 방법으로 채권 수익률을 높이는 강력한 정책 조치를 취했다. 2022년 금리 상승은 고통스러웠다. 여러분 중 많은 사람들이 채권 포트폴리오가 크게 감소하는 것을 지켜봤을 것이다. 하지만 그 손실은 주가 하락보다 훨씬 적었다. 하지만 2022년 채권 손실은 충격적이었다.

우리가 기대하는 몇 가지 좋은 소식은 2022년에 발생한 급격하고 빠른 금리 상승으로 인해 10년 이하 만기의 국채가 이제 더 높은 수익률을 제공하고 있으며, 이는 가격 하락이 발생할 경우 더 잘 상쇄할 수 있다는 것이다.

　장기적으로 효과 있는 견고한 채권 전략을 원한다면 5~10년 만기의 중기 채권에 투자하는 것이 현명한 방법이다. 금리가 상승해도 장기채만큼 손해를 입지 않으며, 금리가 하락해도 단기채보다 수익률이 좋다. 장기적으로는 중기 국채를 고수하는 것이 계속 좋은 전략이 될 것이다.

　중기 국채를 장기 보유하는 아이디어가 마음에 든다면, 은행 계좌나 단기 국채 등 안전한 저축에 최소한 몇 년간의 은퇴 소득을 확보해 두라는 이전 조언을 다시 강조하고 싶다. 3~6개월 안에 만기되는 예금과 '현금'을 따로 보관해 두면 중기 국채, ETF가 어려움을 겪고 있을 때 인출하지 않아도 된다. 목표는 가치가 하락한 계좌에서 인출하지 않는 것이다. 예를 들어 2023년 나는 금리가 계속 상승할 수 있으므로 단기 국채를 소유하는 것이 현명하다고 조언한 바 있다. 실제로 경기 침체에 접어들고 금리가 하락하기 시작하는 것이 분명해지면 장기 채권(10년 이상)이 합리적일 수 있다.

고수익 채권(하이일드 채권)을 쫓지 말라

안전한 국채보다 수익률이 높은 채권이 있는가? 물론이다. 블룸버그 채권지수(Barclays U.S Aggregate Bond Index)의 성과를 반영하는 코어본드 채권펀드에 투자하면 국채에만 투자하는 것보다 더 높은 수익률을 얻을 수 있다. 어려운 시장에서 종합채권펀드가 국채만큼 견디지 못한다는 사실에 동의한다면, 이는 고려해야 할 합리적인 절충안이다.

방금 설명했듯이 채권지수는 우량 채권을 보유하고 있다. 때로는 이러한 채권을 투자 등급이라도 한다. 이것은 채권을 발행한 법인이 재정적으로 양호하며, 적시에 이자를 지불하고 만기가 되면 채권의 원금 가치를 상환할 수 있다는 것을 의미한다. 내가 권장하지 않는 것은 퇴직금을 고수익률(하이일드)이라는 이름이 붙은 펀드나 ETF에 투자하는 것이다. 이들은 재정적 기반이 확고하지 않은 기업의 채권에 대부분의 자금을 투자하는 펀드다. 고수익 채권의 다른 이름을 알고 있는가? 정크 본드. 정크 본드는 은퇴 자금 채권 포트폴리오에 있어서 최악의 아이디어다. 나는 이들의 수익률이 유혹적이라는 것을 알고 있다. 이 글을 쓰고 있는 현재 중기 국채의 수익률은 약 2.5%이지만 정크 본드는 7%가 넘는 수익률을 보이고 있다.

이제 높은 수익률의 정크 본드를 추구할 경우 발생하는 트레이드오프에 대해 이야기해 보겠다. 정크 본드는 경기침체가 닥칠 때 큰 어려움에 빠질 수 있는 기업, 불확실한 재무 상태에 있는 기업 또는 어려움을 겪고 있는 기업이 발행한다. 그래서 그들은 높은 이자를 지불한다! 투자자를 유치할 수 있는 유일한 방법이기 때문이다.

문제는 경제가 어려울 때 발생한다. 정크 본드는 주식에서 발생할 수 있는 수준의 손실을 입을 수 있다. 2008년 9월과 10월의 매우 어려운 시장 상황에서 중기 국채 펀드가 손익분기점에 이르렀을 때 고수익 채권 펀드는 26%의 손실을 입었다. 2.6%가 아니라 26%이다. 정크 본드나 기타 고수익을 추구하는 펀드에서 높은 이자를 받으려면 투자 포트폴리오의 주식 쪽에서 자금을 조달해야 한다. 하락장에서는 정크 본드가 주식과 유

사한 성과를 낼 것이기 때문이다.

듀레이션은 펀드와 ETF의 가격에 어떤 일이 일어날 것으로 예상되는지 알려줄 뿐이다. 또한 해당 채권이 지불하는 이자를 징수한다. 채권 수익은 채권 매매차익과 이자의 조합이다. 매매차익과 수익률을 더한 값을 펀드의 총수익이라고 한다. 이것이 당신의 명세서에 보고되는 값이다.

5년 만기 펀드의 수익률이 2.5%라고 가정해 보자. 1년 동안 금리는 1% 포인트씩 오른다. 그러면 가격이 5% 하락하지만, 해당 기간 동안 2.5%에서 3.5%로 증가한 이자를 받았으므로 총수익 손실은 2.5% 미만이다. 그 이후에 이자율이 안정되면 채권 가격도 안정될 것이다. 그리고 이제 더 높은 수익률(여기서는 3.5%)을 얻고 있으므로 곧 플러스 영역으로 돌아올 것이다.

여기서 얻을 수 있는 주요 시사점은 미국 경제와 글로벌 경제의 상황을 고려할 때 중기 채권 펀드와 ETF에 초점을 맞추는 것이 위험과 보상 사이의 현명한 균형이라는 것이다. 당신은 장기 채권 펀드의 큰 가격 변동 없이 단기 채권 펀드보다 더 많은 이자를 얻을 수 있다. 즉, 채권 포트폴리오의 일부를 단기 펀드나 국채에 투자하려는 경우는 문제가 없다. 그것이 실제로 2023년 초에 내가 추천한 것이다. 이것은 거친 시장에서 훨씬 더 부드러운 승차감을 제공할 것이다. 하지만 경계심을 유지해야 한다. 장기 채권으로 전환하는 것이 합리적일 때가 올 것이다.

I Bond[9]: 인플레이션 대처에 도움이 되는 국채

시리즈 I Bond는 인플레이션 보호 기능을 제공하는 국채다. 과거에는 인플레이션 연동 채권인 TIPS(Treasury Inflation Protected Securities)도 추천했지만, 시리즈 I Bond가 인플레이션에 대처하는 더 쉬운 방법이라고 생각한다. I Bond는 미국 재무부(treasurydirect.gov)에서만 구입할 수 있고, 일반적인 한도는 연간 1인당 10,000달러, 최소 투자 금액은 25달러다. 따라서 I Bond는 포트폴리오에서 인플레이션 보호 기능을 추가할 수 있는 저렴한 방법이다. I Bond 채권에 투자하는 뮤추얼펀드나 ETF는 없다.

I Bond 기초

I Bond에는 고정금리와 인플레이션을 반영하는 변동금리라는 두 가지 소득이 있다. 요율은 1년에 두 번(5월 1일과 11월 1일) 결정된다. 이자율

---

[9] I Bond는 미 연방 재무부가 발행하는 국채인 '시리즈 I 세이빙스 본드'(Series I Savings Bonds)로, 물가상승률에 연동해 금리가 정해지는 특별 국채다. 'I'는 인플레이션(Inflation)을 뜻한다. 미 국채는 원금이 보장되는 안전 자산인데, 극심한 인플레 속에 I Bond 금리가 현재 무려 9.62%까지 치솟으면서 서민 자금이 몰리고 있다.
개인투자용 국채
최근 한국에서 발행한 개인투자용 국채와 유사한 상품이다. 매입자격을 개인으로 한정한 국채로 최소 투자금액은 10만원, 1인당 구매 한도는 연간 1억원이다. 만기가 10년, 20년이고 만기까지 보유시 표면금리 및 가산금리에 연복리를 적용한 이자가 원금과 함께 지급된다. 매입액 2억까지는 분리과세 혜택이 있다. 매입 1년 후부터는 중도환매 신청이 가능하다. 다만 중도환매 시 가산금리나 연복리 분리과세 혜택은 적용되지 않는다.

은 6개월 동안 보장되며, 이후 가장 최근의 공식 인플레이션율을 반영한 새로운 이자율로 재설정된다. 시리즈 I Bond의 만기는 30년이지만 보다 일찍 현금화할 수도 있다. 금리가 상승할 경우 장기 채권의 위험에 대해 조심하라고 이야기한 바 있으므로 혼란스러울 수도 있다. 시리즈 I Bond는 일반 국채 또는 다른 유형의 채권과는 다르다. 시리즈 I Bond는 결코 가치를 잃을 수 없다. 당신은 언제든지 원금과 이자를 돌려받을 수 있다. 이것이 가장 큰 장점이다. 하지만 조심하기 바란다. I Bond는 두 가지 특별한 I Bond 규칙 때문에 장기 보유의 경우에 가장 적합하다.

I Bond 채권 규정

— 처음 12개월 동안은 I Bond를 매각할 수 없다. 2~5년 내 현금화하려는 경우 계정에서 얻은 최근 3개월 이자에 해당하는 페널티를 지불해야 한다.
— I Bond는 매월 이자를 받지만, I Bond를 소유하는 동안에는 해당 이자를 사용할 수 없다. I Bond를 현금화하거나 만기가 된 경우에만 발생한 이자를 모두 지급 받을 수 있다.

처음 5년 동안 인출할 경우 이자에 대한 페널티가 부과되고 매월 이자 지급을 받지 못한다는 사실 때문에 I Bonds는 은퇴 소득을 창출하기 위한 투자가 아니며, 지금 당장 청구서를 지불하고 지출하는 데 사용할 수는 없다. 당신은 여전히 은퇴 후 필요한 현재 소득을 창출하기 위해 플레인바닐라[10] 국채와 안전한 저축을 원할 것이다. I Bond는 장기 투자로 사용하는 것이 좋다.

I Bond를 구매하는 방법

앞서 언급했듯이 I Bond는 미국 재무부로부터 직접 온라인으로 구매할 수 있다. 구매 시 계정 설정 방법에 대한 세 가지 옵션이 제공된다. 즉, 단독 소유자가 될 수도 있고, 주 소유자가 되어 모니터링할 수 있는 다른 사람을 보조 소유자로 지정할 수도 있다. 계정을 확인하고 결정을 내린다. 세 번째 옵션은 계정을 직접 소유하고 다른 사람을 수혜자로 지정하는 것이다. 물론 수혜자는 당신이 사망한 후에만 그 돈에 접근할 수 있다.

나는 단독 소유 옵션을 권장하지 않는다. 이것은 당신이 계정 관리에 도움이 필요하거나 좋아할 때 미래를 계획하지 않으며 누군가가 당신의 투자 자금을 쉽게 상속할 수 없도록 하기 때문이다. 결혼한 부부는 배우자를 2차 소유자로 지명하는 것을 고려할 수 있다. 그러나 우리가 논의한 것처럼 배우자 중 한 사람이 재무 관리에 관심이 없고, 능력 있고 기꺼이 도와줄 수 있는 성인 자녀나 다른 신뢰할 수 있는 가족 구성원이 있다면, 아마도 그 사람이 최고의 2차 소유자가 될 것이다. 2차 소

---

[10] 플레인 바닐라는 보통 기본에 단순하고 기본에 충실한 투자 상품을 말한다. 아이스크림 가게에서 첨가물 없이 순수한 바닐라 아이스크림을 주문하는 행위에서 차용된 용어다.

유자를 지정하고 싶지 않다면, 최소한 수혜자가 있는 계정을 설정하는 것이 좋다.

I Bond 현금화

I Bond 채권의 만기는 30년이지만 그 전에 돈을 인출할 수 있다는 점을 더욱 분명히 하고 싶다. 그리고 부분 인출도 가능하다. 10,000달러를 투자했고 4,000달러를 사용하고자 결정했다면 해당 금액을 인출하고 나머지는 계속 이자를 증식하도록 남겨둘 수 있다. 조기 인출 규칙은 이렇다. 처음 12개월 동안은 투자에 손을 댈 수 없으며, 2~5년 내 인출하면 최근 3개월 동안 받은 이자와 동일한 페널티가 부과된다.

I Bond 이자에 대한 과세

I Bond 이자가 어떻게 부과되는지 이해하는 것이 중요하다. 해당 이자에 대해 연방소득세를 납부해야 하지만 주 또는 지방 소득세는 없다. 나는 그것이 상당수 사람들에게 도움이 될 수 있다는 것을 알고 있다. 하지만 I Bond 이자에 대한 연방소득세에는 특이한 점이 있다. 이를 이해하고 전략을 세우기 바란다. 채권을 현금화하고 실제로 이자를 지급받으면 모든 이자에 대해 연방세를 납부할 때까지 기다릴 수 있다. 그러나 I Bond를 아주 오랫동안(10년, 20년 또는 그 이상) 보유한다면 수년 동안 벌어들인 모든 이자를 고려하면 매우 큰 세금 청구서를 받게 될 수

있다. 이자소득은 일반소득으로 과세된다는 점을 기억하라.

I Bond가 의미가 있을 때

2022년 내내 인플레이션율이 가파른 속도로 상승했을 때, 나는 고객들에게 I Bond 구매를 고려하라고 말했다. 한때 종합이자율**(고정금리 + 물가상승률)**이 9.5%를 넘었던 적도 있다. 이 글을 쓰는 2023년 초 인플레이션이 조금 진정되면서 현재 종합률은 7% 미만이다. 나는 인플레이션율이 2022년 최고치에서 계속 하락할 것으로 예상하지만, 이것이 2022년 이전의 매우 낮은 금리로 다시 안정된다는 의미는 아니다. 이것은 I Bond가 한동안 견고한 투자로 남을 수 있음을 의미한다.

I Bond의 현재 6개월 보장 수익률이 5년 만기 국채 수익률보다 최소 2% 포인트 높다면, 이는 좋은 투자라고 생각한다. I Bond에 투자하고 싶다면 재투자하려는 최소필수인출금(RMD)을 사용하거나 일반 국채 투자에서 자금을 가져오는 것이 좋다. 그리고 당신에게 이 모든 것이 복잡하게 보인다면 평범한 기본형 국채를 소유하는 것도 여전히 훌륭한 전략이다.

지방채

비과세 또는 면세 채권이라고도 하는 지방채는 국채를 보완할 수 있는 좋은 대안이 될 수 있다. 지방채 이자는 일반적으로 연방 세금 신고시 과

세 대상이 아니며, 주에서 발행한 채권인 경우 이자에 대한 주 소득세도 과세를 피할 수 있다. 지방채는 2018년 대규모 세제 개혁 패키지가 시행된 이후 더욱 인기를 얻고 있다.

현행 세법은 항목별 공제를 엄격하게 제한하고 있다. 소득세율이 높고 재산세 고지서가 높은 주에 거주하는 많은 고소득 가구의 경우 항목별 공제 혜택이 사라지면서 과세 금액이 증가했다. 세금이 올라간 상황에서 비과세 소득은 분명 매력적으로 보일 수 있다. 하지만 은퇴 채권 포트폴리오의 100%를 지방채에 투자하지 않는 것이 좋다.

국채를 일부 보유하면 지방채에 영향을 미칠 수 있는 어떤 악재에도 대처하는 데 도움이 될 것이다.

경기 침체기에는 지방채에 대한 불안감이 커질 수 있다

지방채는 정부(주 또는 지방 정부) 또는 수도나 교통 서비스와 같은 공공 서비스를 제공하는 기관에서 발행한다. 채권 발행자는 수입으로 이자를 지급한다. 이것은 주 및 지방 세금 징수, 재산세 또는 우리 모두가 서비스에 대해 지불하는 수수료일 수 있다. 경기 침체기에는 지방 자치 단체가 수입하는 돈이 줄어들 수 있다.

지방채 발행자가 이자 지급을 불이행하는 경우는 극히 드물다. 하지만 경기 침체기에는 지방채 시장이 국채만큼 순조롭지 않다. 이해를 돕기 위해 금융위기의 강도가 레벨 10에 달했던 2008년 가을로 돌아가 보자. 지방채 지수는 5% 하락했고, 중기 국채에 투자한 펀드는 손익분기점을 넘겼다.

거주하는 지역의 지방채만을 보유하는 것은 것은 위험할 수 있다

지방채에 대한 이자는 일반적으로 채권이 발행된 주에 관계없이 연방소득세 신고 시 100% 비과세된다. 주 소득세 신고시에는 해당 주 내에서 발행된 채권에서 발생한 이자만 비과세 혜택을 받을 수 있다. 소득세가 높은 주 거주자의 일반적인 전략은 '주 내' 지방채만 보유하는 것이다. 하지만 이것은 위험할 수 있다. 많은 주에서는 다양한 프로젝트에 사용되는 다양한 지방채 포트폴리오가 부족하고 수입원이 다양하다. 캘리포니아와 뉴욕은 지방채 시장이 광범위하게 다각화되어 있지만, 다른 주 내에서 단일 주 펀드를 고려하고 있다면, 특히 예산 문제로 어려움을 겪고 있는 주에 거주하고 있다면 주의를 기울일 것을 권하고 싶다.

파산의 위험이 크다는 것은 아니지만, 발행사의 재정 건전성이 낮을수록 경제가 좋지 않을 때 더 큰 충격을 받을 수 있다. 국가 지방채 펀드나 ETF에 투자하는 것이 더 현명한 방법일 수 있다. 이름에서 알 수 있듯이 주별 포트폴리오는 여러 주에서 발행된 펀드를 보유하게 된다. 이것은 가치 있는 다각화이다. 받는 이자는 연방 세금 신고 시 면세되며, 해당 주에 있는 채권에서 발생한 이자의 일부는 주 세금 신고 시 공제받을 수 있다. (세금 신고 시 펀드는 소득의 몇 퍼센트가 즉시 채권에서 나왔는지 알려줄 것이다.)

지방채는 적극적인 관리가 합리적일 수 있는 시장 중 하나다. 뉴욕 증권거래소나 주식의 나스닥처럼 지방채를 거래하는 중앙 시장이 존재하지 않는다. 따라서 지방채 시장에서는 가격이 균일하지 않다. 적극적 투자자는 이를 활용할 수 있다. 다양한 유형의 지방채 중에서 골라 투자할 수 있는 여유가 있다. 예를 들어 안정적인 수입원과 연계된 채권은 일반 세금 징수와 연계된 채권보다 경기 침체기에 변동성이 적을 수 있다. 원할 경우 인덱스펀드보다 더 많은 수익 채권을 보유하고 일반 의무 채권[11]을 더 적게 보유할 수 있다.

선택과 의사결정을 두려워하지 않는다

나는 당신이 두 개의 주식펀드 혹은 ETF 그리고 하나 또는 두 개의 채권펀드 혹은 ETF로 구성된 포트폴리오를 구축하면 충분하다고 생각한다. 하지만 스스로 이 일을 해야 한다는 압박감을 느낄 이유가 없다. 나는 앞에서 당신이 알아야 할 많은 내용을 이야기했다. 당신은 아마도 돌아가 다시 읽어야 할 페이지를 이미 표시해 두었을 수도 있다. 이것이 바로 내가 당신에게 기대하는 바다! 정보를 흡수하고 자신에게 적합한 것이 무엇인지 의사결정하는 데는 시간이 걸린다.

그리고 나는 은퇴 계획에서 가장 중요하다고 이야기했던 것으로 다시 돌아가고 싶다. 자신의 선택에 자신감을 갖도록 하라. 선택을 서두

---

[11] general obligation bond. 주정부가 지방채를 발행하고 그 상환에 대한 전적인 믿음과 신용을 약속하는 장기 차입의 한 형태다. 채권은 반기별 채무 상환을 통해 수년에 걸쳐 상환된다.

르지 말라. 무엇이 옳은지 아닌지 확실하지 않을 때는 절대로 움직이지 말라. 이해하지 못하는 일을 하는 것보다는 아무것도 하지 않는 것이 항상 더 낫다. 또한 나는 당신이 뭔가를 이해하지 못한다고 해서 당황스러워하는 것을 결코 원하지 않는다. 당신은 배우는 데 시간을 투자하고 있다는 사실을 그 자체를 자랑스러워해야 한다.

자신이 스스로 의사결정해야 한다는 것이 부담스럽다고 해도 괜찮다. 재무 자문가와 상담하면 자신감이 생길 것 같다면, 그것이 당신에게 올바른 선택이다! 노후에 당신에게 인지 저하가 걱정된다면, 이것은 엄청난 의미가 있을 수도 있다. 내가 당신에게 요청하는 것은 재무 자문가과 함께 일할 때, 자신이 이해하는 전략만 승인하라는 것이다. 당신의 돈에 일어나는 일은 당신에게 영향을 미친다. 누군가에게 도움을 받더라도 당신은 계속 참여해야 한다. 좋은 재무 자문은 당신과 함께 이야기를 나누고 싶어 할 것이다. 그들은 당신이 자신의 자금을 어떻게 투자할지에 대해 편안해하고 자신감을 갖는 것이 얼마나 중요한지 잘 알고 있다.

다음 장에서는 평판이 좋은 금융 전문가를 찾는 방법에 대해 설명한다. 많은 재무 자문가들이 재무 계획에 대한 조언을 제공하고 당신을 대신하여 투자를 관리한다. 또는 재무 자문가를 고용하여 자산 배분 전략과 특정 금융상품을 추천받은 다음 스스로 진행할 수도 있다.

여기까지 도달한 것을 축하한다! 다시 한번 말하지만 이 장에서 소화해야 할 정보가 많다는 것을 잘 알고 있다. 인내심을 가지도록 하라.

KFP Note

은퇴를 잘 준비해 왔다면, 은퇴 이후의 핵심 과제는 은퇴 자금을 인출하고 남는 자금들을 어떻게 투자하고 관리할 것인가이다. 주식시장은 항상 강세장만 있는 것은 아니다. 따라서 지속적인 투자 수익을 얻기 위해 은퇴 자금을 모두 주식이나 펀드에 넣어놓는다면 약세장에 진입했을 때 낭패를 보게 될 것은 자명하다. 하지만 상황에 맞추어 전략을 세우고 그에 따라 매번 투자 포트폴리오를 다시 구성하는 것은 결코 쉽지 않다.

물론 재무전문가를 고용하여 자산 배분 전략을 세우고 투자를 관리하게 할 수도 있다. 이런 경우에도 자산 배분에 대한 원칙에 대해서는 자신이 결정해야 한다. 결국 본인의 돈이기 때문이다. 은퇴 이후에는 가능하면 간단한 방법으로 포트폴리오를 구성하는 것이 좋다. 가장 간단하게는 주식과 채권의 비중을 나누어 투자하는 것이다. 특별한 경우를 제외하고는 주식과 채권은 상관관계가 낮은 자산이기 때문에 주식이 하락할 때 채권의 가치가 상승하면서 약세장에서의 나의 자산을 일부 보호해 줄 수 있다. 그럼 그 비중은 어떻게 가져가면 좋을까? 주식과 채권의 비중을 7:3 혹은 6:4 정도로 하는 것이 가장 합리적인 비중이라는 연구 결과가 있다. 처음 포트폴리오를 구성할 때 주식에 70%, 채권에 30%를 투자했다고 가정해 보자. 이후 주식시장이 폭락한다면 나의 자산에서 주식이 차지하는 비율이 70%가 아니라 50%로 낮아지게 될 것이다. 그렇다면 이런 시점에 어떻게 해야 하겠는가? 상대적으로 50%로 높아진 채권을 팔아 30%로 맞추고 나머지를 주식에 추가 매수하여 다시 70%를 맞추는 것이다. 이러한 과정을 리밸런싱이라고 한다.

주식과 채권만으로는 너무 단순하다 생각된다면, 금, 원자재 등 조금 더 다양한 자산에 분산 투자할 수도 있다. 주식은 상승장에서 높은 수익을 기대할 수 있지만 하락장에서는 손실이 발생할 수 있다. 채권은 안정적인 수익을 제공하지만, 금리 상승기에는 수익률이 하락할 수 있다. 금은 인플레이션을 헤지(hedge)할 수 있으며 시장의 변동성에 대한 방어 수단이 될 수 있다. 원자재는 경기 회복기에 상승하는 경향이 있으며 금과 마찬가지로 인플레이션에 대한 헤지로 활용될 수 있다. 따라서 운용할 수 있는 은퇴 자금에서 자산별로 비중을 정하면 되는데, 이때 개인의 투자 목표와 성향에 따라 다르게 정할 수 있다. 채권에 비중을 높게 두어 좀 더 안정성을 추구할 수도 있고, 주식에 비중을 높여 조금 공격적으로 투자할 수도 있다. 투자 목표와 성향에 따라 비중을 정했다면 마찬가지로 자산별로 비중을 조절하는데, 금리 상승기에는 채권 비중을 줄이고 주식 비중을 늘리거나 기간을 정해 놓고 초기 자산 비중을 리밸런싱하면서 수익을 높이고 손실을 방어할 수 있다. 이렇게 분산하여 투자한다면 경제적 불확실성에 대비할 수 있고 경기 침체나 금융위기 등의 상황에서도 안정적인 수익을 높이는 등 시장 상황에 유연하게 대응할 수 있다.

한가지 소개하고 싶은 새로운 금융상품이 있다. 우리나라에서는 2024년 7월부터 개인투자용 국채(Korea Savings Bonds)가 새롭게 발행된다. 매입 자격을 개인으로 한정하여 소액 단위로 발행하는 저축성 국채로, 최소 투자금액은 10만원, 1인당 구매 한도는 연간 1억원이다. 일반 국채와 달리 개인투자용 국채는 타인에게 이전하거나 질권 등 담보권의 목적으로 사용할 수 없다. 만기는 10년물과 20년물 두가지로 구성된다. 만기까지 이자를 전혀 지급하지 않다가 만기일에 원금과 이자를 일괄 지급한다. 발행주기는 연 11회로 예정되어 있다. 발행방법은 판매대행기관을 통해 청약방식으로 모집하여 발행된다. 개인투자용 국채를 만기까지 보유할 경우 투자자는 발행시에 정해지는 표면금리에 가산금리를 더하여 이자를 지급받으며, 이자의 계산은 연복리가 적용된다. 만기까지 보유할 경우 매입액 총 2억원까지의 이자소득에 대해 14% 분리과세도 허용된다. 다만, 금리산정의 혜택과 세제혜택은 만기까지 보유한 경우에만 허용되며, 중도환매에 대해서는 허용되지 않는다.

✔ 은퇴 체크 리스트

- 20~30년의 은퇴 기간 중 발생하게 될 인플레이션에 대비한다.
- 주식을 투자포트폴리오에서 제외하지 않는다. 주식은 인플레이션을 뛰어넘는 이익을 얻을 수 있는 최고의 기회를 제공한다.
- 상승장과 하락장 모두에서 버틸 수 있는 주식과 채권의 포트폴리오를 구성한다.
- 저비용 인덱스펀드와 ETF로 다양한 포트폴리오를 구축한다.
- 인덱스펀드 혹은 ETF를 주식투자의 핵심으로 활용한다.
- 배당주를 적절하게 활용한다.
- 국채, 물가연동채권, 지방채 등 고품질 채권에 집중한다.

8장

자신에게 적절한
재무 자문가를 찾는 방법

나는 항상 당신이 만나게 될 최고의 재무 자문가는 거울 앞에 있는 바로 당신이라고 말해 왔다. 나는 아직도 이 말을 믿는다. 자신의 돈을 어떻게 소비하고, 투자하고, 저축하고, 어떻게 누구에게 나눌 것인가에 대한 당신의 의사결정은 누구보다 당신 자신에게 영향을 준다. 그리고 당신은 자신에게 가장 중요한 것이 무엇인지, 어떤 위험을 어느 정도 감수할 수 있는지, 무엇이 가장 큰 불안을 야기할 것인지 당신이 가장 잘 알고 있다.

하지만 전문가의 도움을 받는 것이 당신에게 자신감을 주고 재정적인 스트레스를 줄이거나 없앨 수 있다면, 나는 당신이 조언자의 도움을 받는 것을 전적으로 찬성한다. 돈을 관리하고, 돈에 집중하고, 돈을 다루는 것이 은퇴 생활의 중심이 되어서는 안 된다. 나는 당신이 돈에 대해 너무 걱정하지 않고 은퇴 생활을 즐기는데 좀 더 집중할 수 있기를 바란다. 하지만 전략 실행이 다소 어려워 보이거나 대답보다 질문이 더 많다면, 전문적인 조언을 구해야 한다.

은퇴 시 안전한 재무 계획 수립에는 검토해야 할 사항이 아주 많다. 그리고 많은 경우, 하나의 결정으로 여러 가지가 바뀔 수 있다. 게다가 은퇴 시 당신은 완전히 새로운 금융 근육을 단련해야 한다. 수십 년 동안 당신은 저축 근육을 단련해 왔다. 나는 당신이 일하는 동안 퇴직 계좌에 최선을 다했고, 자신에게 적합한 보상과 위험의 적절한 조합을 만들기 위해 주식과 채권으로 포트폴리오를 만드는 방법을 학습했으리라 생각한다. 하지만 여러분 중 상당수는 자신이 왜 이러한 투자를 선택했는지 잘 이해하지 못하고 있다는 느낌이 든다. 만약 그렇다면 나는 당신이 6장과 7장을 다시 읽고 투자 결정을 내려야 할 때 필요에 따라 다시 참조하기를 바란다.

그리고 이제 당신은 완전히 새로운 근육을 단련해야 한다. 이제 당신은 그동안 모아온 은퇴 자금을 사용한다. 그리고 이 자금은 25년에서 30년 동안 지속될 수 있어야 한다. 이해한다. 혼자 고민하고 균형을 잡아야 할 것이 너무 많다. 자신이 확고한 재무 계획을 가지고 있다고 확신하더라도 누군가가 그것을 검토하고 다른 의견을 제시하거나 모니터링한다면 훨씬 더 기분이 좋아지고, 조금 더 긴장을 풀 수 있을 것이다.

My Story

독자들은 나에게도 재무 자문가가 있다는 이야기를 듣는다면 놀랄지도 모르겠다. 나는 누군가와 투자 아이디어를 의논하고 내가 놓친 것이 없는지 모니터링할 사람이 있다는 것을 좋아한다. 하지만 나의 재무 자문가는 내 허락 없이는 투자 의사결정을 하지 못한다. 재무 자문가와 상담하고 자문

> 을 구하지만, 의사결정은 내가 한다. 만약 당신이 자문가를 선택한다면 그
> 것 또한 당신을 위한 것이다.
>
> KT와 나는 20년 전에 만났다. 그때 우리 모두는 이미 경제적으로 안정되
> 어 있었다. 우리는 서로 생활비는 분담하되 투자 포트폴리오는 따로 관리
> 하기로 약속했다. 나는 내 돈을 관리하고, KT는 자신의 돈으로 처리한다.
> 우리는 서로가 서로에게 재무 자문가로서의 역할을 하고 있다. 사실 저축
> 과 투자에 대한 우리의 접근 방식은 매우 일치한다.
>
> 나는 우리의 접근 방식이 당신과 다를 수 있다는 것을 알고 있다. 그리고
> 많은 부부들이 은퇴에 따르는 재정적인 결정에 대한 의견 일치에 어려움
> 을 겪는다는 것을 알고 있다. 나는 재무 자문가가 당신이 응집력 있는 접근
> 방식을 만들도록 도와줄 수 있는 훌륭한 자원이 될 수 있다고 생각한다. 또
> 한 다른 지식이 풍부하고, 평판이 좋고, 공정한 조언자도 당신에게 도움을
> 줄 수 있다. 두 사람이 재무적 의사결정을 할 때 발생할 수 있는 다툼과 긴
> 장을 피할 수 있다.

 스스로 모든 것을 처리할 능력이 있다면 재무 자문가의 도움을 받지 않는 의사결정도 나쁘지 않다. 하지만 조수석으로 이동하여 다른 사람으로 하여금 운전하게 하는 것도 나쁘지는 않다. 여기 또 다른 시나리오가 있다. 배우자가 재무적인 문제를 잘 다루지 못한다면, 당신이 먼저 사망했을 때 생존 배우자가 어느 정도 도움을 받도록 하는 것이 합리적일 수 있다. 배우자나 인생의 동반자가 사망한 후 남은 생존자는

최소한 1년 동안 정도는 자신의 감정적인 문제에 집중하고 해결할 수 있도록 중요한 재무적 의사결정을 하지 않는 것이 현명하다. 인지기능 저하가 문제가 될 경우, 재무 자문가는 당신을 보호해 줄 수 있는 좋은 보험이 될 수도 있다. 좋은 소식은 당신이 자신의 특정한 요구에 맞는 재무 자문을 찾을 수 있다는 것이다. 당신과 함께 재무 관련 프로젝트를 진행하면서 시간당 또는 프로젝트 비용을 청구할 수 있는 전문가들이 있다. 누군가가 당신의 투자를 모니터링해 주는 서비스를 원한다면 그것도 선택할 수 있다. 단지 약간의 포트폴리오 관리에 대한 자문을 원하는가? 비용이 저렴한 '온라인 인공지능 자문'이 있다. 당신에게 적합할 수도 있다. 문제는 자신에게 적합한 재무 자문가를 찾기 위해서는 몇 가지 해야 할 일이 있다는 것이다.

모든 재무 자문가가 고객에게 도움이 되는 것은 아니다

누구나 자신을 재무 자문가라고 부를 수는 있다. 하지만 이러한 명함을 사용하는 상당수 사람들은 금융상품을 판매하여 수수료 수입을 얻는 판매원에 지나지 않는다. 재무 자문으로 가장한 영업 사원은 피해야 한다. 그들은 이해관계가 상충될 수 있음에도 불구하고 합법적으로 영업 활동을 할 수 있다. 이 장에서는 당신의 재무적 목표 달성에 도움을 줄 수 있는 믿을만한 전문가를 찾는 방법에 대해 설명한다. 높은 수준의 금융 교육을 받고 고객의 이익에 가장 부합하는 활동을 하는 재무 자문가라야 한다.

자신에게 적합한 재무 자문가를 찾는 방법
— 어떤 유형의 도움을 받고자 하는지 확인한다.
— 자신에게 적합한 재무 자문가에게 초점을 맞춘다.
— 재무 자문가 후보군을 탐색한다.
— 후보 재무 자문가의 경력과 평판을 조사한다.
— 후보 재무 자문가에게 해야 하는 질문과 들어야 할 질문들

어떤 유형의 도움을 받고자 하는지 확인한다

당신에게 가장 적합한 조언자인지 여부는 당신이 원하는 유형의 조언에 달려 있다. 은퇴 소득 전략을 수립하고 지출 규모를 축소하고 사회보장 급부를 70세까지 연기하기 위한 구체적인 전략과 조치 사항에 대한 도움을 얻고자 한다면 시간 단위 또는 프로젝트 단위로 일하는 믿을만한 전문가를 찾고자 할 것이다. 지속적인 도움이 필요하다면 장기 계약이 합리적일 수 있다. 전략 수립에 대한 자문 외에도 연례 모니터링하고 연중 추가적인 상담 시간을 요청할 수도 있다.

다양한 시나리오의 실행과 은퇴 소득 전략 수립에 도움을 받고 싶고,

투자 계좌를 재무 자문가가 주도적으로 관리하도록 하려면 '자산 관리' 모델로 일할 재무 자문가를 찾아야 한다. 이러한 유형의 재무 자문은 관리하는 투자 계좌의 일정 비율을 연간 수수료로 청구한다. 이 모델을 사용하는 상당수 재무 자문가들은 고객의 최소 계좌 잔고를 가지고 있다. 25만 달러, 50만 달러 또는 그 이상일 수 있다. 연간 수수료는 1% 정도가 많지만, 요율에는 차이가 있다. 계좌 잔고 규모에 따라 재무 자문가는 운용 수수료를 낮출 수도 있다. 1%의 자문료가 아무것도 아닌 것은 아니다. 하지만 그 자문가가 전략을 잘 실행한다면 가치 있는 비용이 될 수 있다. 당신의 투자 포트폴리오 수익만이 얻을 수 있는 유일한 요소는 아니다. 좋은 자문가는 당신의 포트폴리오의 균형을 재조정하고 투자 결정으로 인한 세금 영향을 최소화하도록 지원한다. 아마도 가장 중요한 것은 당신이 전략에 전념할 수 있도록 돕는 것이다.

은퇴 전략의 가장 큰 위험은 재정 상황이 쉽지 않을 때 어떻게 대응할 것인가이다. 은퇴해서 소득이 없을 때 감정의 움직임은 더욱 민감해질 수 있다. 주식이 하락할 때 두려움이 높아지고 손실의 고통을 피하기 위해 주식을 매각하고자 하는 본능이 생길 수 있다. 앞에서 논의했듯이 이것은 당신이 피해야 하는 값비싼 실수이다.

하지만 그러한 감정적인 반응은 멍청하거나 비이성적인 것이 아니라 인간적인 것이다. 취약하고 위협을 느낄 때는 어떤 것에도 전념하기 어렵다. 이런 경우에도 재무 자문가는 수수료를 한 푼도 빠짐없이 챙길 수 있다. 좋은 재무 자문가는 시장 하락에 어떻게 대처해야 하는지 설명하는 데 이미 시간을 할애했을 것이다. 그러한 시장 하락의 열기 속에서 당신에게 전화하거나, 당신에게 연락을 취해 걱정하거나 당황하지 않고 장기적인 목표에 집중할 수 있도록 도와줄 것이다. 여러분의 조언자는 또한 현명한 약세장 조치와 포트폴리오 재조정에 집중하여 당신이 자신의 포트폴리오 전략에 따라 목표를 달성할 수 있도록 할 것이다. 손실을 회수하고 그 돈을 재투자하는 것은 좋은 자문가가 여러분을 위해 수행해야 할 중요한 일이다. 또한 필요할 때마다 조언을 받을 사람이 있어서 마음의 평안을 얻을 수 있다는 것의 가치는 절대적으로 값을 매길 수 없다.

재무 자문가에게 자문 비용을 지불하는 방법

재무 자문에게 자문 비용을 지급하는 방법에는 두 가지 방식이 있다.

자문료 시간당 비용, 프로젝트별 비용 또는 관리 자산 규모의 일정 비율이 될 수 있다.

커미션 커미션이란 판매원이 추천하는 금융상품을 고객이 구매할 때 받는 수수료이다.

*최선의 선택: 수수료를 받는 것이 아니라 정해진 자문료만 부과하는 재무 자문을 찾는 것이 최선의 방법이다. 당신이 사고파는 것, 금융상품에 근거한 커미션, 즉 고객에게 무엇인가를 팔아야 수입이 생기는 재무 자문가, 조언자와는 함께 일하지 않는 것을 권한다. 이것은 고객이 항상 경계해야 할 본질적인 이해 상충이다. 가급적 자문료만 부과하는 재무 자문가를 선택하라.

자신에게 적합한 재무 자문가에게 초점을 맞춘다

일반적으로 재무 자문은 재무설계사와 투자 자문가 두 유형이 있다. 하지만 둘 사이의 경계가 모호한 경우가 많다. 재무설계사는 당신의 전체 재무 상황을 모니터링한다. 재무설계사는 당신의 부채를 관리하고, 지속 가능한 지출 및 예산을 설정하고, 당신이 안전하고 보호받을 수 있는 적절한 수준의 보험을 가지고 있는지 확인하는 전략을 포함하는 종합적인 계획을 수립할 수 있다. 재무설계사는 당신이 모든 종류의 질문을 분류하는 것을 도울 수 있다. 내가 성인 자녀들을 경제적으로 돕는 것을 감당할 수 있을 것인가, 재정적인 안전을 위험에 빠뜨리지 않고 노부모에게 어떤 수준의 지원을 할 수 있을 것인가 등등. 여기에 재무설계사가 투자 자문을 해줄 수도 있고, 경우에 따라 재무설계사에게 전략에 대한 자문을 얻어서 직접투자를 실행하거나, 재무설계사가 자신의 계좌까지 관리해 주는 투자 자문가로서 두 번째 역할을 할 수도 있다.

일부 재무 자문은 광의의 재무설계가 아니라 오로지 투자 자문에 집중한다. 투자 자문가가 추가적인 재무설계 서비스를 제공하지 않고 뮤추얼펀드와 ETF 투자 포트폴리오를 총괄하고 있다면 연 1% 미만의 수수료를 지급해야 한다. 또한 당신이 알아 두면 좋을 기술적 하이브리드도 있다. 앞서 이야기한 '온라인 투자 자문'은 낮은 수준의 지원을 제공하는 웹 기반 서비스이다. 이러한 서비스는 사람이 아니라 기술에 크게 의존하기 때문에 비용은 투자 자문가에게 지불하는 것보다 상당히 낮다. 이러한 로보 어드바이저를 사용하면 당신에게 제공되는 포트폴리오 조언은 당신의 나이, 목표, 위험 수용 성향 등 입력된 정보에 따른 컴퓨터 알고리즘에 의해 생성된다. 이것은 개인 성향에 따라 미세 조정된 자동화된 조언이다. 당신의 자금은 저비용 인덱스 뮤추얼펀드나 ETF에 투자된다. 이 서비스는 당신의 포트폴리오를 재조정하며, 일부 서비스는 일반 계좌에 대해 자동 절세 기능도 제공한다.

▌재무 자문가 후보군을 탐색한다

당신이 원하는 도움의 유형과 수준에 대해 이해했다면, 이제 탐색을 시작할 때다. 배관공, 전기기사, 관절 전문가가 필요할 때는 가족, 친구, 동료에게 묻고 참고 자료를 요청하는 것이 좋다. 하지만 당신의 재무적 문제를 도와줄 사람을 찾는 데 있어서는 도움이 되지 않을 수 있다. 그들은 당신과 전혀 다른 재정적 상황에 처해 있을 수 있고 마음속에 전혀 다른 목표를 가지고 있을 수도 있다. 그들이 추천하는 자문가가 그들에게 훌륭하지만, 당신에게는 적합하지 않을 수 있다. 반드시 경력 소개서를 받아보라.

온라인 검색 도구를 사용하여 해당 지역의 재무 자문가를 찾을 수도 있다. 또한 해당 지역이 아닌 다른 사람과 편하게 작업할 수 있다면(전화 및 화상 전화 가능), 검색 범위를 다른 지역으로 확장할 수도 있다.

후보 재무 자문가의
경력과 평판을 조사한다

가장 친한 친구 세 명이나 신뢰하는 가족이나 이웃이 누군가를 추천해 주든 상관없다. 고용할 생각이 있는 사람에 대해서 반드시 본인이 세심하게 조사해야 한다. 온라인으로 많은 것을 조사할 수 있다.

자격 증명을 확인한다 자문가의 명함에 적혀 있는 자격 사항을 모두 액면 그대로 받아들여서는 안 된다. 그중 일부는 멋져 보일 수 있지만, 어떤 주제에 대해 지식을 얻기 위해 시간을 투자했거나 어떤 종류의 시험이나 시험에 합격했다는 표시가 아니라 단지 마케팅 전략일 뿐일 수도 있다.

징계 혹은 형사 문제가 있는지 여부를 확인한다 유관 협회에 조회할 수도 있지만, 정확하게 현행화된 정보를 얻지 못할 수도 있다. 이런 경우 그 사람의 이름 혹은 회사명에 대한 기본적인 웹 검색을 해볼 것을 권장한다. 그리고 그 과정에서 페이스북, 트위터, 심지어 인스타그램을 통해 당신이 조사하는 사람에 대한 정보를 얻을 수도 있다. 링크드인 계정으로 그들의 프로필, 인맥 그리고 홍보도 볼 수 있다. 당신이 공감할 수 있는 사람이라고 생각하게 만드는 유튜브나 블로그 게시물들은 고려해 볼 또 다른 정보이다. 당신이 어떤 재무 자문가 후보가 당신에게 적합하다고 생각한다면, 인터뷰를 진행하고 당신이 알고 싶은 문제에 대해 그들에게 직접 질문해야 한다.

단 하나의 가장 중요한 자격: 수탁자 윤리강령 준수

항상 고객의 이익을 최우선으로 생각하는 사람과 함께 일하고 싶어 하는 것을 강조할 필요는 없다. 하지만 안타까운 사실은 스스로를 재무 자문가라고 부르는 상당수 사람들이 이 기준을 지키지 않는다는 것이다. 몇 년 전 은퇴 계획에 대한 조언을 제공하는 사람은 무엇보다도 고객에게 최선의 이익을 위해 행동하도록 요구하는 연방 규정이 제안되었다. 이것은 '수탁자 윤리 기준'이라고 알려져 있다. 이것이 일반인의 용어로 의미하는 것은 다음과 같다: "만약 고객에게 가장 좋은 제안과 자신이 더 많은 돈을 벌 수 있는 제안 사이에서 선택해야 한다면 고객의 이익을 선택한다." 이것이 수탁자가 해야 하는 일이다. 그들은 당신의 필요를 최우선으로 해야 한다.

금융서비스업계는 이러한 규제가 효력을 발휘하지 못하게 하기 위해 안간힘을 쓴다. 생각해 보라. 당신에게 자금을 맡기길 바라는 업계는 고객에게 최선을 다하겠다는 약속을 하지 않고자 한다. 이 글을 쓰면서 나는 약간 절망하고 있다. 현재 상황은 월가가 승리했다는 것이다. 수탁기관 역할에 대한 완화된 규정이 2022년에 시행되었다.

▌후보 재무 자문가에게 해야 하는 질문
▌그리고 들어야 할 질문들

해야 하는 질문들

수탁자(fiduciary)[1] **자격이 있는가? 당신이 수탁자임을 증명하는 서류는 있는가?**

온라인으로도 확인할 수 있다.

재무 자문가로서의 경력은 얼마나 되었는가?

가능하다면 최소한 2007년부터 2009년까지의 금융위기를 고객과 함께 경험한 재무 자문가를 선택하는 것이 좋다. 어려운 시기에 대한 경험은 매우 중요하다. 스트레스가 많았던 시기에 어떻게 대처했는지 이야기를 나누거나 레퍼런스를 확인하는 것이 좋다.

내가 재무 자문가에게 전형적인 고객군인가? 내가 도움을 얻고자 하는 문제에 얼마나 많은 시간을 할애할 수 있는가?

만약 재무 자문가에게 은퇴를 앞두고 있거나 은퇴한 고객이 많지 않다면, 그것은 좋지 않은 신호다. 그리고 당신의 자금을 관리할 투자 자문가에게 당

---

[1] 수탁자는 신탁을 관리하는 사람을 말한다. 수탁자는 법에 따라 그리고 신탁 문서에 명시된 권한을 가지며 신탁 내용을 수행하기 위해 필요한 행위(대출, 비용 부담, 사업 운영)를 할 묵시적 권한이 있다.

신의 포트폴리오 규모가 전형적인지를 확인해 보라. 투자 자문가의 전형적인 고객이 맡긴 자금 규모가 500만 달러인데, 당신의 계좌가 50만 달러라면 문제가 될 수 있다. 투자 자문가가 5명과 통화해야 하는데, 당신의 투자 규모가 가장 작다면 당신은 한참 동안 전화를 기다리고 있어야 할 수 있다. 아니면 그 회사에서 다른 사람과 함께 일하도록 지시를 받았을 수도 있다. 그것이 꼭 문제는 아니지만 당신은 그 팀에 대한 신뢰를 가질 필요가 있다.

자문 비용은 어떻게 지불해야 하는가?

투명성은 정직함을 나타낸다. 자문료만 받는 것이 유일한 정답이다. 이것은 시간당, 프로젝트에 근거한 것일 수도 있고 또는 당신을 대신하여 재무 자문이 관리하는 자산 규모에 대한 연간 비율일 수도 있다. 그리고 자문료에 무엇이 포함되는지 질문한다. 만약 자문료에 세금도 포함된 경우라면 그것은 최선이다. 만약 당신이 일회성의 대규모 재무 계획에 대하여 정해진 자문료를 지불하는 경우, 살아가면서 1년, 2년, 3년 안에 계획의 수정이 필요하다면 어떻게 작동하는가도 고려해야 한다.

자금 운용 계좌는 어느 회사에 귀속되는가?

전문적인 관점에서 말하자면, 당신의 자금은 제3자 관리인에게 보관되어야 한다. 이것은 중요한 보호 조치이다. 당신의 자금을 재무 자문가 혹은 재무 자문가의 회사에 직접 보내지 않는 것이 좋다. 관리인은 신뢰할 만한 금융 회사이어야 한다. 계정에 온라인으로 액세스할 수 있고, 관리인이 직접 자산현황보고서를 제공하는지도 확인해야 한다. 또한 자문가가 맞춤형 자산현황보고서를 제공한다면 그것도 좋다. 그러나 그것이 제3자가 제공하는 자산현황보고서의 필요성을 대체하는 것은 아니다.

일반적인 자산 관리 기법은 무엇인가?

7장에서 언급했듯이 나는 포트폴리오의 기초가 되는 저비용 인덱스 뮤추얼펀드와 ETF의 열렬한 신봉자다. 이것이 재무 자문가가 사용하는 투자 기법인가? 당신에게 적합한 것과 유사한 포트폴리오의 평균 합계 비용 비율은 얼마인가? 만약 어떤 자문가가 시장 평균보다 좋은 실적을 내지 못했다고 불평하기 시작한다면 끝이 없다. 제7장에서 설명했듯이 시장 평균보다 더 나은 수익을 지속적으로 제공하는 투자 자문가는 거의 없다. 당신이 투자 자문가에게서 듣고자 하는 것은 인플레이션을 상회하는 수익과 포트폴리오 위험 수준을 관리라는 중요한 은퇴 자산 관리 요구 사이에서 균형을 맞추는 포트폴리오를 만드는 자문가의 접근법이다. 예를 들어 2007년부터 2009년까지의 약세장에서 재무 자문가의 고객들의 자금을 어떻게 관리했는지 질문한다. 공정하고 중요한 질문이다. 답변을 들을 때는 재무 자문가의 몸짓과 답변의 프레임워크도 유의 있게 관찰하는 것이 좋다. 고객마다 경험은 다를 수 있지만, 당시 고객에 대해 물어 보라. S&P 500지수는 50% 이상 하락했지만, 미국 대형 주식과 우량 채권으로 고르게 배분했던 포트폴리오는 25% 미만으로 떨어졌다.

내가 자금관리 관련 의사결정에 대해 최종 결정을 내릴 수 있는가?

당신은 당신의 투자 계좌에 대해 재무 자문가에게 재량권을 줄 수 있다.

즉, 당신에게 먼저 알리거나 허락을 구하지 않고 주식이나 채권을 사고팔 수 있다는 것을 의미한다. 아니면 사전에 당신에게 승인 받도록 정할 수도 있다. 적어도 처음 몇 년 동안은 이것이 당신이 가야 할 길이라고 생각한다. 이것은 재무 자문가의 투자전략에 대해 실시간으로 보다 자세히 알아볼 수 있는 기회가 된다. 최소한 관리자의 계정이 사용자 계정의 모든 활동에 대한 전자메일 알림을 보내도록 설정되어 있는지 확인해야 한다.

당신은 언제쯤 은퇴할 계획인가?

이것은 자산을 관리하는 재무 자문가와 장기적인 관계를 고려하고 있는 경우에만 중요하다. 당신과 비슷한 연령대의 사람들에게 끌리는 것은 당연하다. 하지만 60대인 자문가와 인터뷰하는 경우에는 반드시 승계 계획에 대해 질문해야 한다. 왜냐하면 당신의 바라는 바는 자문가가 지원하는 기간보다도 오랫동안 계속될 것이기 때문이다. 당신과 비슷한 연령대의 자문가가 1인 기업으로 일하고 있다면 다시 한번 생각해 볼 필요가 있다. 이것은 중간에 누가 개입하게 될지 알 수 없고, 자문가가 은퇴하면 다른 자문가에게 인계될 수 있다는 것을 의미하기 때문이다.

대표적인 관리 고객 세 명을 제시할 수 있는가?

세 명의 대표적 관리 고객의 경우, 모두 2007년부터 2009년까지 주식시장에서 재무 자문가가 어떻게 계정을 관리했는지 이야기할 수 있는 장기 고객이어야 한다. 재무 자문가들은 분명 당신에게 성공했던 고객들만 소개하고자 하겠지만, 솔직한 대화를 이끌어 내는 것이 중요하다. 당신에게 가장 중요한 것이 무엇인지 생각하고 자문가가 이를 잘 해결할 수 있는지 감을 잡는 데 도움이 될 수 있는 질문을 하라.

연금에 대해 어떻게 생각하는가? 일시금이나 연금을 받는 것을 추천하는가?

연금을 받는 사람들에게는 유익한 질문이 될 것이다. 당신의 재무 현황을 포함한 여러 가지 상황을 조사하기 전에 일시금 수령이 현명한 조치라고 분명하게 말씀드리는 재무 자문가는 거의 없을 것이다. 일시금이 더 좋은 거래인 경우는 드물지만, 어떤 자문가는 연 1% 정도의 수수료 수입을 얻기 위해 일시금으로 수령하여 자산을 운용하고 싶어 할 수도 있다. 만약 자문가가 일시금으로 수령하여 소득연금에 투자하라고 제안한다면, 그와는 더 이상 이야기할 필요가 없다. 연금은 기본적으로 퇴직연금이다. 연금으로 수령하는 것이 퇴직금을 일시금으로 받아서 이를 개인 소득연금에 불입하는 것보다 훨씬 좋다. 일시금 수령을 권장하는 재무 자문가와는 함께 일하지 않는 것이 좋다. 그리고 자문가가 다른 유형의 연금을―변액, 인덱스 등― 추천하는 경우, 당신의 자문료 기반의 자문가와 협력하는 것이 아니라고 생각한다. 그 상품들은 재무 자문가를 가장한 보험 대리점 영업 사원일 수 있다. 보험 상품은 재무 자문가에게 큰 수수료를 제공할 것이고, 당신은 계속해서 비싼 수수료를 지급해야 할 것이다.

후보 재무 자문가로부터 들어야 할 질문들

재무 자문가가 당신에게 어떤 질문을 하는가를 통해 재무 자문가의 자질을 판단할 수 있다. 당신이 재무 자문가로부터 들어야 할 질문은 다음과 같다.

배우자나 파트너가 있는가?

이 질문은 미팅 전에 나와야 하며, 일반적으로 자문가는 배우자나 파트너가 대화에 참여하는 것이 좋겠다고 할 것이다. 두 사람 모두 서로의 결정에 영향을 받는다. 이것은 두 사람이 함께 참여해야 한다는 것을 의미한다.

부채가 어느 정도 있는가?

투자 자금이 얼마나 있는지에만 신경 쓰는 자문가는 당신이 지속적인 재정 안정을 구축하는 데 도움이 되지 않을 것이다. 50만 달러의 투자 자금이 있지만 자녀 학자금 대출 5만 달러, 모기지 10만 달러, 자동차 할부금을 여전히 갚고 있다면, 그것은 재정 계획에 큰 고려 사항이 된다.

건강 상태는 어떠한가?

이것은 당신의 은퇴 소득 계획이 얼마나 오래 지속되어야 하는지에서부터 사회보장 급부 수령 지연이 타당한지에 이르기까지 모든 것에 영향을 미친다. 이것은 또한 예를 들어 의료보험 가입 조건과 본인부담 의료비 계획에도 영향을 미친다.

재정적으로 지원해야 하는 사람이 있는가?

좋은 자문가라면 현재 또는 미래에 당신에게 어떤 가족에 대한 재정적 약속이 있는지 확인하고 싶어 할 것이다.

장기요양보험에 가입되어 있는가?

앞으로 얼마나 오랫동안 일을 계속할 것 같은가?

아직도 일하고 있다면, 좋은 자문가는 은퇴가 재정에 어떤 영향을 미칠지에 대한 수치를 제시하는 데 도움을 주고 싶어 할 것이다.

신탁, 의료 관리 위임장, 사전연명의료지참서, 재무위임장을 가지고 있는가?

좋은 조언자는 이러한 필수 문서를 반드시 준비할 것을 권고할 것이다.

가장 최근 퇴직 계좌와 생명보험 수혜자를 검토한 것이 언제인가?

좋은 조언자라면 매년 주기적으로 점검해야 한다는 것을 알고 있을 것이다. 당신의 팀에 전문가를 추가하는 것은 여러 가지 이유에서 현명한 조치가 될 수 있다. 하지만 나는 당신이 이것을 지지하는 조건을 이해하도록 돕고 싶다. 당신은 당신의 돈과 가능한 한 오랫동안 관계를 유지해야 한다. 매일 혹은 일주일에 한 번씩 계좌를 확인해 보라. 또한 매달 보고서를 열어보고 새로운 것이나 놀라운 것이 없는지 확인해 보라. 그리고 직접 방문하든, 전화로 이야기하든 간에 재무 자문가가 검토할 때 "Yes"라고 대답할 때, 제가 한 말 기억하는가? 여러분이 가질 수 있는 최고의 자문가는 거울 속의 자신을 돌아보는 것이다. 자신의 활동적인 부분을 유지하도록 하라. 어느 시점에서 성인 자녀나 다른 신뢰할 수 있는 친구나 가족을 데려오고 싶을 수도 있다. 다음 장에서는 생전 신탁의 중요성에 대해 이야기할 계획이다. 신탁은 당신이 재정을 관리할 수 없거나 하고 싶지 않은 시점에 도달할 경우, 누군가를 당신을 대신하는 수탁자로 지정하는 것이다. 신탁의 승계 수탁자가 이러한 역할을 하는 것이 타당할 수 있다. 당신이 기혼이고 배우자가 승계 수탁자라면 보조 수탁자로 포함시킬 수 있다.

잠재적인 재무 자문가와 면담할 때는 천천히 이야기하라. 면담이 끝나면 당신의 첫인상을 기재하라. 어떤 점이 마음에 들었는가? 이해되지 않는 점이 있었는가? 자문가는 활력 있고 사려 깊은가? 당신의 말을 잘 듣고 대화에 흥미가 있었는가?

부부가 함께 인터뷰를 진행했다면, 당신과 배우자가 각자 장단점을 정리해서 서로 비교해 보라. 부부가 서로 어떻게 다르게 이야기를 듣고 이해하는지 확인해 보면 매우 흥미롭다. 만약 당신이 미혼이고 앞으로 재정적인 삶을 같이하고자 하는 누군가가 있다면(생전 신탁의 후계자), 당신은 노트를 비교해 줄 누군가와 함께 면담하게 해달라고 부탁하는 것을 고려해 볼 수 있다.

조사 결과와 재무 자문가와의 대화를 바탕으로 당신은 그 자문가를 신뢰할 수 있는지, 당신이 느낀 인상을 기록한 것을 살펴보라. 그리고 추천서에서 들었던 것을 다시 이야기해 보라. 미심쩍은 것이 있는가?

만약 그렇다면 그 사람은 당신에게 적합한 사람이 아니다. 그 자문가가 평판이 좋든, 누가 추천했든 상관없다. 당신의 직감에 유의하라. 내가 할 수 있는 가장 중요한 조언은 절대로 누군가를 믿어야 한다고 자신을 설득해서는 안 된다는 것이다. 다른 사람들보다 자신을 더 신뢰하라. 당신 자신은 항상 당신의 최고의 관심사를 마음속에 두고 있다. 자신의 직관을 들어 보라. 이 사람이 자신에게 맞는 사람인지 100% 확신하지 못한다면 계속 탐색하라. 자신에게 적합한 자문가를 찾는 것은 양보하기에는 너무 중요한 관계이다.

좋은 재무 자문가들은 많다. 결국 당신은 적합한 재무 자문가를 찾을 수 있다. 그리고 그렇게 했을 때 자신의 은퇴 계획에 대한 지침, 자신감 그리고 차분함이 당신이 할 수 있는 최고의 투자 중 하나가 될 수 있다.

KFP Note

영국은 2012년 말부터 재무설계 서비스를 제공하는 독립 재무설계사들이 금융상품 커미션을 받지 못하도록 금지 조항을 제정했다. 이에 따라 자연스럽게 자문에 따른 수수료(Fee)로만 재무 자문을 받게 되었다. 호주나 캐나다 등의 경우도 대부분 비슷하고, 미국은 커미션과 수수료가 혼재되어 있다. 한국에서는 아직 재무 자문에 대해 수수료(Fee)를 낯설어하는 경우가 많다. 은행, 증권, 보험사에 금융상품을 가입하면서 재무 자문을 부가 서비스로 받는 경우가 많았으며, 재무설계 업무에 대한 진입장벽 자체가 낮아서 흔히 재무설계사는 보험설계사로 생각하는 경우가 대부분이었기 때문이다. 하지만 최근 이러한 기조가 조금씩 바뀌고 있다. 복잡한 구조의 다양한 금융상품들이 출시되고 있으며, 금융회사의 재무 자문이 자사 상품 판매를 우선하는 경우가 많아서 비용을 지불하고서라도 객관적이고 종합적인 상담을 받고 싶어 하는 사람들이 늘어나고 있다.

한국에서도 다양한 형태로 수수료 방식의 독립적 재무 자문이 시도되고 있으나 대부분 잠깐 생겼다가 사라지고 있는 경우가 많으며, 아직 신뢰할 수 있는 독립적 재무 자문 전문 회사는 찾기가 쉽지 않은 것이 현실이다. 하지만 최근에는 공공기관과 대기업, 중견기업이 재무설계 전문 회사와 계약을 체결하여 임직원 대상의 재무설계 서비스를 제공하는 사례가 생기고 있으며, 의사, 변호사 등의 전문직과 자산가, 기타 개인을 대상으로 하는 수수료 기반의 재무설계도 점차적으로 확대되고 있다.

또한 직장 초년 및 은퇴 대비 재무설계의 중요성 그리고 금융 문해력의 중요성에 대한 인식이 확산되면서 재무설계 관련 전문 자격인 CFP(Certified Financial Planner), AFPK(Associate Financial Planner) 취득자도 증가하고 있다.

Suze Orman이 제시하는 자신에게 맞는 재무 자문가를 찾는 방법을 염두에 두고, 자신을 위해 독립적이고 객관적인 재무 자문 서비스를 제공할 수 있는 신뢰할 수 있는 전문 기업을 검색하고 또한 자신의 상황과 필요에 가장 적합한 서비스를 제공할 수 있는 재무 자문을 추천받아 인터뷰를 통해 자신을 위한 재무 자문가를 찾을 수 있을 것이다.

✓ 은퇴 체크 리스트

- 은퇴 생활을 즐길 수 있는 자신감과 침착함을 얻고자 한다면, 전문가의 도움을 받는 것을 검토한다.
- 금융상품 판매에 따라 수수료를 받는 재무 자문가와는 가급적 거래하지 않는다.
- 자문료만 받는 재무 자문가를 찾고, 그들이 항상 고객의 이익을 최우선으로 하는 수탁자인지 확인하라.
- 후보 재무 자문가의 자격 요건을 확인하고, 징계나 범죄에 연루된 적이 없는지 확인하라.
- 재무 자문가에게 투자 계좌를 관리하는 데 도움을 요청할 때는 자금을 제3자가 보관하는지, 낮은 수수료의 인덱스 뮤추얼펀드와 ETF가 투자 포트폴리오를 중심으로 투자를 권유하는지 확인한다.
- 100% 신뢰할 수 없다면 절대로 고용하지 않는다. 당신의 직감을 믿고 계속 탐색하라.
- 기억하라. 당신은 당신을 위한 최고의 재무 자문가이다. 무언가에 대해 확신이 서지 않을 때는 천천히 배우도록 하라. 이해가 안 되는 일을 하는 것보다 아무것도 하지 않는 것이 낫다.

9장

자신과 사랑하는 가족을 위한 마지막 준비 사항

이제 기어를 변속하고자 한다. 지금까지는 우리는 은퇴를 앞두고 무엇이 최선의 재무적 전환 방안이 될 것인지에 대하여 함께 생각해 보았다. 돈에 대한 이야기는 충분히 했으니, 이제 당신과 논의하고 싶은 또 하나의 가장 중요한 일이 있다. 자신을 보호하고 가족을 보호하는 것에 대한 이야기다. 그렇다. 유언장 그리고 너무나 노쇠하여 자기 의사를 제대로 표현할 수 없을 때 당신을 대신하여 사랑하는 가족들을 돌볼 수 있게 해주는 여러 가지 문서에 대한 것이다. 나는 많은 사람들이 아직 이러한 서류들을 준비하지 않고 있다는 것에 대해 조금 우려스럽다.

　나는 대중강연회와 팟캐스트 "우먼 앤 머니"(Women & Money)를 진행하면서 청중들로부터 여러 가지 질문을 받는다. 하지만 솔직히 놀라운 것은 재무, 의료, 일상생활 관리에 대한 돌봄이 필요한 때가 다가오고 있음에도 불구하고 어떻게 자신과 가족들을 보호할 것인지에 대해서는 거의 질문하지 않는다는 것이다. 왜 수많은 질문 중에서 자신의 사망 시 어떻게 하면 자신이 바라는 바가 이루어질 수 있는지에 대하여 질문하는 것을 주저하는가? 노쇠화와 관련된 일을 정면으로 마주하고 싶지 않은 마음은 안다. 누구나 자신이 아프거나 능력을 상실하는 것을 상상하고 싶지는 않을 것이다. 자신의 사망이라는 문제에 마주하고 싶지 않은 마음을 잘 알고 있다. 어려운 주제라는 것을 이해한다.

하지만 당신이 이 책을 읽으면서 은퇴에 전향적으로 대처해야 할 필요성에 눈을 떴다면, 이제는 생각하고 준비할 때다. 당신은 나를 진실을 말하는 사람으로 알고 있다. 그래서 나는 당신에게 아주 직접적으로 말하고자 한다. 왜 지금 생애의 마지막 일에 대하여 준비해야 하는지 아시는가? 미리 준비해 두지 않으면 당신과 당신의 사랑하는 사람들에게 커다란 마음의 고통이 되고 재정적인 혼란을 초래하는 비극적인 사각지대에 놓일 수 있기 때문이다. 나는 당신이 사랑하는 가족의 이익을 위해 불편한 마음을 극복하기를 바란다. 물론 거기에는 당신도 포함된다.

나이 먹고 노쇠하면 누가 자신을 돌봐 줄 것인가라는 생각을 한 적이 있는가? 아니면 그런 생각을 억누르고 있는가? 어느 쪽이든 당신을 속 타게 하는 걱정거리인 것은 분명하다. 이것은 은퇴 시 가져가고 싶은 감정적인 짐이 아니다. 나는 당신이 짐을 덜 수 있도록 돕고 싶다.

자신이 직접적으로 의료 관련 의사표시를 하지 못하게 될 경우를 대비하여 당신이 원하는 의료 서비스에 대한 희망 사항을 문서화해 두었는가? 그렇지 않다면 언젠가 당신도 모르는 사람의 손에 그러한 결정을 맡길 수도 있다. 성인 자녀, 손주, 친구 등 신뢰할 수 있는 사람을 지정해 두지 않으면 자신이 직접 의사결정하지 못하는 경우에 당신을 대신하여 의료 관련 의사표시를 하고 재정을 관리하는 데 도움을 주지 못하는 위험에 처할 수 있다. 이런 것들을 미리 준비해 두지 않으면, 당신이 사랑하는 가족들에게 어떤 명확한 지침을 주지 않으면 당신이 모르는 사람들로 하여금 당신에 대하여 의사결정하도록 하는 결과를 초래한다.

당신이 아무것도 하지 않았다고 하여 아무 일도 생기지 않는 것이 아니다. 당신이 미리 계획하고 준비하지 않으면 당신과 당신의 가족들은 감정적으로 파괴적인 시기에 더 큰 어려움을 겪을 수 있다. 당신의 가족은 아마 당신을 돌봐야 할 것이다. 아무런 준비 없이 사망하게 되면 당신이 원하는 것이 무엇이었는지 그리고 누구에게 무엇을 줄 것인지에 대해 아무런 지침도 없게 된다. 이런 경우 당신이 사랑하는 가족들 간에 불필요한 논쟁이나 분쟁이 초래될 수 있다. 당신이 사망한 후 생존 배우자나 파트너는 어떤 중대한 재무적 결정을 내려야 한다. 남아 있는 사람은 새로운 리듬과 삶의 방향을 찾는 데 시간이 필요하다. 그런데 당신이 아무런 유언도 남겨두지 않았다면, 사랑하는 당신의 배우자와 가족들은 원활한 전환을 이루지 못하고 재정적인 문제에만 얽매여 있을 수도 있다.

그러므로 우리는 자기 안에 있는 전사를 불러내서 불편함을 직시하고, 사망 이후에 당신이 원하는 바가 쉽게 실행할 수 있는 로드맵을 살아있는 동안 만들어야 한다. 명확한 유언이 있으면 침착함과 자신감으로 모든 걱정을 대신할 수 있다. 당신은 어떤 시점에서 필요한 지원을 즉시 받을 수 있도록 준비해 두었다는 것을 알고 한시름 놓을 수 있다. 그리고 당신이 세상을 떠난 이후에 유산이 상속자들에게 원활하게 전달된다는 것을 알게 되어 마음의 평안을 가질 수 있을 것이다. 일단 정리하고 나면 대부분의 사람들은 큰 안도감과 만족감을 느끼게 된다. 나는 당신도 삶을 영위하고 있는 동안 이 같은 감정을 경험하기를 바란다.

이 장에서 나는 은퇴를 앞둔 혹은 이미 은퇴한 모든 사람에게 필요한 네 가지 필수 문서를 소개한다. 이 문서들은 이해와 작성이 어렵지 않다. 물론 약간 시간이 필요할 수도 있고, 자신을 돌아보는 시간이 필요할 수 있다. 그 과정에서 당신은 스스로의 옹호자가 되고 재산을 누구에게 어떻게 상속할 것인지 결정한다. 부부간에도 상속에 대한 의견이 다를 수 있으므로 깊은 대화가 필요하다. 자녀가 있는 경우, 이 문제가 형제자매간 긴장과 갈등을 유발할 수도 있다는 것을 이해해야 하고, 어떤 자녀를 자신에 대한 돌봄 책임자로 지정할 것인지 의사결정해야 한다. 이러한 의사결정이나 대화가 자녀들 간에 서로 소원하게 하지는 않을 것이다. 오히려 그렇게 하지 않는 것이 어느 시점에 당신에게 개입해서 당신을 돌봐야 하는 가족들의 상황을 더 나쁘게 만들 뿐이다.

나이를 먹어가며 우리는 유산과 상속 문제를 생각하게 된다. 우리는 유산 상속자들이 우리의 사랑과 우애, 너그러움과 친절을 기억해 주기를 원한다. 또한 유산 상속이 자신의 업적으로 기억되기를 원할 수도 있다. 하지만 가장 중요한 것은 우리의 머리가 아니라 우리 가슴이다. 가족들이 당신이 세상을 떠난 이후에도 삶을 잘 헤쳐 나갈 수 있도록 하는 것 역시 당신이 가족에게 남겨주는 가장 중요한 유산의 일부일 것이다. 만약 당신이 엉망진창인 상황을 남기고 아무런 유언이 없이 세상을 떠난다면, 남은 가족들은 가족 간에 논쟁과 갈등의 원인으로 당신을 기억할 수도 있다. 한편 남은 가족들은 당신의 뜻을 왜곡하지 않고 갈등을 생기지 않도록 준비한 당신에 대하여 영원히 감사할 수도 있다. 앞서 말한 네 가지 필수 문서들은 당신을 포함한 모든 가족을 보호할 수 있다. 이것은 지금 당신이 확실히 할 수 있는 당신 유산의 중요한 부분이다.

자신과 사랑하는 사람들을 위한 4가지 필수 문서
― 생전 신탁
― 유언장
― 사전연명의료의향서
― 재무 위임장

생전 신탁
(living revocable trust)

어떤 사람들은 '나는 돈이 별로 없어서 신탁이 필요하지 않아'라고 생각할 수 있다. 물론 이해한다. 하지만 생전 신탁은 보유 자산이 얼마인지와는 아무런 상관이 없다. 생전 신탁은 자산 관리를 쉽게 할 수 있는 법적 문서로서, 필요시 자신이 지명한 사람이 개입해서 자산을 관리할 수 있다. 많은 사람들이 유언장만 있으면 된다고 생각한다. 하지만 조금 전 설명한 내용을 다시 살펴보자. 신탁은 살아있는 동안 재정적인 일을 관리하는 데 도움이 된다. 유언장은 중요한 필수 문서이지만, 유언장은 사망 이후에 비로소 효력을 발휘한다. 당신의 은행 및 투자 계좌가 "사망 이후에 지급함"(payable upon death, POD)으로 설정되어 있기 때문에 신탁이 필요하지 않다고 생각할 수도 있다. POD는 계좌 사용자 사망 이후에만 시작되며, 사용자의 계좌에 POD로 추가한 사람은 사용자가 살아 있는 동안 자금을 대신 사용하거나 관리할 권한이 없다.

이제 사망했을 때 어떤 일이 일어나는지 생각해 보자. 유언장만 가지고 있으면 가족들은 유언장을 법원에 제출하고 판사의 승인을 받아야 재산을 분배할 수 있다. 변호사 없이 유언장 절차를 밟는 것은 매우 어렵다. 유언장만 있는 상황에서 사망한다면, 가족들은 유언장 절차를 도와줄 변호사를 고용해야 할 것이다. 또한 유언장 절차를 밟을 때는 변호사 수임료가 부과된다. 그리고 가족들이 사생활을 중요하게 생각한다면, 유언장과 관련된 모든 법원의 소송은 공개된다는 것을 염두에 두어야 한다. 누구나 당신의 유언장을 읽을 수 있다는 의미다. 당신의 남은 가족들이 법원을 상대할 필요가 없도록 하는 방법이 있다. 대답은 생전 신탁을 갖는 것이다. 이 경우 당신이 신탁 관리를 위임받은 사람이 개입하여 당신이 신탁에 남긴 모든 지시를 이행할 것이다. 이제 생전 신탁의 가치를 알게 되었으니, 이것이 어떻게 작동하는지 살펴보자.

— 당신 책임하에 있다.
— 당신은 신탁에 맡겨둔 자금을 사용할 수 있고, 완벽한 통제권이 있다.
— 원하는 만큼 자주 변경, 취소할 수 있다. 신탁에 있는 자산은 인출하

거나 이체할 수 있다.

당신은 계좌 관리 계획을 바꿀 수 있다. 그리고 당신의 사망 후에 일어날 일에 대하여 언제든지 그 내용을 바꿀 수 있다. 결론적으로 당신이 생전 신탁을 한다고 통제권이나 유연성을 포기하는 것이 아니다. 반복한다. 당신이 여전히 모든 자산을 통제하고 있으며, 언제든지 신탁 내용을 변경할 수 있는 권리를 갖고 있다. 부부의 경우 두 사람 모두 신탁관리자가 될 수 있다. 신탁관리자란 모든 신탁 자산에 대한 계약 권한이 있는 담당자라는 뜻이다. 당신은 후임 수탁자를 지명하여 사망 시 후임 수탁자가 개입할 수 있도록 한다. 그리고 치매, 알츠하이머, 기타 퇴행성 질환으로 인해 재무적인 문제를 계속 처리하기가 어렵지만, 생존해 있는 기간에는 후임 수탁자가 개입할 수 있다. 생전 신탁을 만들 때는 불능 조항도 포함되도록 해야 한다. 이것은 사무를 처리할 수 없게 된 경우에는 후임 수탁자가 개입하여 통제할 수 있도록 서면으로 규정하는 것을 말한다. 또한 당신은 당신이 언제 의사 무능력 상태인지 판단할 사람을 임명할 수 있다. 이렇게 하면 당신의 후임 수탁자(그리고 당신이 사랑하는 가족들)는 법원의 승인을 받는데, 시간과 돈이 소요되는 관리인 선임 절차를 피할 수 있다. 성인 자녀나 후임 수탁자로 신뢰할 만한 사람을 지정했다면, 그들은 복잡한 서류나 법적인 문제에 직면하지 않을 것이다. 불능 조항이 있는 생전 신탁은 나중에 그들이 가능한 한 쉽게 당신을 도울 수 있도록 하기 위한 문서다.

일단 신탁을 갖게 되면 신탁에 어떤 자산을 맡길 것인지 결정해야 한다. 신탁은 해당 자산의 소유권 명의를 신탁으로 변경해야 한다. 신탁 내부에 소유하는 것을 고려할 일반적인 자산에는 소유하고 있는 모든 부동산, 퇴직 계좌가 아닌 은행 및 투자 계좌가 포함된다.

생전 신탁이 주택 공동등기보다 낫다

종종 주택이 주요 자산인 사람들로부터 주택을 상속받을 사람을 공동소유로 등기해 두었으므로 신탁은 필요 없다는 말을 듣기도 한다. 부분적으로만 맞다. 공동등기로 집을 소유한다는 것은 당신이 사망했을 때 그 집이 증명 절차를 거칠 필요 없이 다른 공동소유자에게 넘어간다는 것을 의미하는 것은 절대적으로 맞다. 하지만 공동등기는 당신이 살아있는 동안 커다란 재무적 문제를 일으킬 수 있다. 예를 들어 공동등기인 중 한 사람이 파산하게 되면, 그 한 사람의 부채를 해결하기 위해 그 집을 팔아야 한다는 것을 의미할 수 있다. 내 생각으로는 당신은 다른 사람의 잠재적 부채로 인해 문제가 발생하지 않도록 자신의 주택에 대한 완전한 소유권을 신탁에 맡기는 것이 최선이다.

미성년 자녀를 수익자로 둔 생명보험증권이나 퇴직 계좌가 있다면 신탁을 생명보험증권이나 계좌의 수익자로 지정해 달라고 요청할 수 있다. 미성년 자녀는 직접 상속받을 수 없다. 보험증권을 신탁에 맡기면 후임 수탁자가 즉시 개입해서 자녀를 돌볼 자원이 있는지 확인할 수 있다. 그리고 안심하라. 신탁으로 자녀의 이익을 위해 보험이 어떻게 사용되기를 원하는지 상세하게 지정할 수 있다.

유언장
(will)

생전 신탁이 많은 문제를 해결하지만, 유언장도 필요하다. 유언장은 당신이 가진 도자기 세트, 미술품, 수집품과 같은 귀중한 물건들을 누구에게 물려주고 싶은지 문서화한다. 메리에게는 금목걸이와 팔찌, 에이미에게는 진주목걸이, 롭에게는 할아버지의 시계를 물려줄 수 있다.

자녀와 손주들에게 특별히 어떤 물건을 상속 받기 바라는지 물어보는 것도 현명한 일이 된다. 당신은 종종 그들이 가장 원하는 것이 가장 금전적 가치가 높은 것이 아니라 정서적으로 애착을 가지고 있는 어떤 물건이라는 말을 듣고 놀랄 수도 있다. 자녀와 손주들이 무엇을 원하는지 모를 수 있으니 직접 물어보는 것도 좋다. 당신은 각각의 아이들과 개별적으로 대화할 수도 있다. 이러한 대화는 아이들과 의사소통할 수 있는 좋은 기회가 된다.

만약 같은 물건을 원하는 자녀들이 여러 명이라면, 함께 이 문제에 대해 논의하는 것이 가장 건강하다고 생각한다. 아마 한 형제는 더 강하게 원하고, 다른 형제는 더 좋아하는 물건이 있을 것이다. 당신이 살아있는 동안 열린 토론을 하는 것이 사후에 자녀 간의 분쟁을 막는 방법이다. 물론 아무도 필요하지 않거나 원하지 않는 것도 있을 수도 있겠다.

유언장에는 당신이 신탁에 맡기지 않은 자산이 있을 수 있다. 그리고 또한 신탁에는 유언장에서 특별히 언급하지 않은 자산이 포함될 수 있다. 아직 미성년 자녀가 있는 경우는 유언장이 반드시 필요하다. 이것은 부모 모두가 사망한 경우, 자녀에게 후견권을 부여하는 서류다. 유언장을 작성할 때는 누군가를 유언 집행자로 지명해야 하는데, 집행자는 본인이 유언장에 기재한 모든 바라는 바를 수행하고, 본인이 지시한 대로 재산을 분배하고 계좌를 정리하는 일을 담당하게 된다. 집행자는 장례식과 함께 본인의 다른 소원을 실행하는 일도 주도한다. 모든 성인을 집행자로 지정할 수 있다. 결혼한 부부들은 보통 배우자를 지정하지만, 반드시 그래야 하는 것은 아니다. 배우자 이외의 다른 사람을 지정하고자 한다면, 그들이 그 책임을 기꺼이 질 의향이 있는지 확인하라. 그들은 당신을 깊이 사랑할 수 있지만, 그 역할을 맡는 것에 대해서는 망설일 수도 있다.

두 명 이상의 자녀를 두고 한 명을 집행자로 지명하고자 한다면, 다른 자녀들에게 자신의 선택을 이야기해 주는 것이 좋다. 그들은 알아야 마땅하다. 당신의 사망 이후 이 사실을 알게 되는 것은 불필요하게 당황하거나 마음의 상처가 될 수 있다. 나는 당신의 가족이 좋은 관계를 유지하기를 바란다. 하지만 많은 경우 언짢음과 마찰의 가능성이 있다. 그래서 이에 대한 대화를 피하기도 한다. 이해한다. 하지만 당신이 이 문제에 대해 조금만 자신을 밀어붙이고 가족과 대화한다면 가족 간에 오래가는 평화와 조화를 만들 수 있다. 혹시 자녀 중 한 명이 화를 낸다면 그의 불만이 무엇인지 잘 들어 보라. 아마도 그것은 어렸을 때부터 해결할 수 없었던 형제간 불화의 연속일 수도 있다. 하지만 불화의 핵심에 있는 어떤 특정한 문제 혹은 재산일 수도 있다. 무엇이 문제인지 알게 되면 그들의 불만을 해결하기 위해 계획을 미세하게 조정할 기회가 생긴다. 최종적으로 가족 모두를 100% 만족하게 하지는 못할 수도 있다. 하지만 당신이 통제할 수 있는 것은 나중에 가족 간 마찰과 분쟁을 피할 수 있도록 지금 함께 듣고 대화를 나누는 것이다. 바로 이것은 당신이 자부심을 가질 수 있는 유산의 하나가 될 수 있다.

사전연명치료의향서
(advances directive and durable power of attorney for healthcare)

당신이 25세든 85세든 간에 당신은 항상 자신의 삶을 통제할 수 있어야 한다. 그리고 당신이 내릴 가장 개인적이고 중요한 인생의 결정 중 하나는 자신이 의사결정 능력을 상실했을 때 어떻게 할 것인가일 수 있다. 우리는 당신이 항상 의사와 당신의 가족에게 당신이 바라는 바를 직접적으로 표현할 수 있는 능력을 유지하기를 바란다. 그렇지만 일이 항상 그런 식으로 전개되는 것은 아니다. 젊은 사람은 교통사고로 중상을 입고 생명유지장치에 의존하게 될 수 있다. 인지기능 저하가 진행된 노부모는 암 진단을 이해하지 못하고 치료 방법을 가늠하지 못할 수 있다. 건강 관리를 위한 사전 지침과 지속적인 위임장을 만드는 것은 더 이상 자신이 바라는 바를 말할 수 없게 되더라도 자신에게 일어나는 일에 대한 통제권을 유지하는 방법이다.

살아있는 유언장이라고도 불리는 사전연명치료의향서는 의사와 당신이 사랑하는 가족들에게 당신이 임종의 결정을 어떻게 다루고 싶은지에 대해 당신이 바라는 바를 설명하는 것이다. 생명유지장치를 하기를 원하는가? 아니면 자연스럽게 그 과정이 진행되도록 놔두기를 원하는가? 만일 당신의 호흡이 손상되거나 심장마비가 있다면 당신을 소생시키기 위해 모든 노력을 기울여 주기를 원하는가? 만일 당신이 더 이상 스스로 먹을 수 없다면 비위관 영양 공급[1]에 의존하고 싶은가?

건강 관리에 대한 위임장은 당신이 직접 할 수 없는 경우, 당신을 대신할 누군가를 지정한다. 이 사람은 당신의 '건강 관리 대리인'이 되어 당신을 대신해서 당신이 바라는 바를 전달한다. 이 문서가 준비되어 있다면 당신의 바람은 분명하다. 가족 구성원들은 여전히 동의하지 않을 수 있지만, 당신은 의사를 표현했고, 당신의 의사가 중요하다. 사전 지시를 마치면 가족과 모든 사항을 의논할 것을 강력히 권장한다. 특히 치매나 알츠하이머로 인해 의사표시가 불가능한 시점에 질병이 발생할 경우, 의료 서비스에 대한 당신의 바람에 대해서는 더욱 그렇다. 만약 암 진단을 받을 경우 수술을 원하는가? 혹은 화학요법과 방사선 치료를 원하는가? 자신이 바라는 바와 바라지 않는 것이 분명하다면 가

---

[1] 의식 저하, 인공호흡기 사용 등 경구를 통해 음식 섭취가 어려운 환자들을 위한 영양 제공 방법.

족에게 알리도록 하라. 왜냐하면 아직까지는 당신에게 미래를 돌볼 힘과 의사표시 능력이 있기 때문이다. 그것은 당신에게 주는 선물이고, 사랑하는 사람들에게 주는 선물이다. 당신이 바라는 바를 분명히 한다는 것은 당신의 자녀들과 손자들이 무언가 추측할 필요가 없으며, 임종에 대하여 서로 다른 생각을 가진 가족 구성원들 사이에 논쟁이 일어나는 것을 예방하는 데 도움이 된다. 이것은 당신의 삶이다. 당신이 바라는 바와 그렇지 않은 것을 가족에게 명확하게 전달하라.

재무위임장
(financial power of attorney)

당신이 불능 상태에 빠지는 경우, 생전 신탁이 있다면 후임 수탁자가 개입하여 필요한 사항을 처리할 수 있다. 그럼에도 불구하고 일부 은행과 투자 회사에서는 재무적인 문제에 대해 위임장으로 누군가를 지명할 것을 요구하기도 한다. 재무 위임장을 사용하면 당신의 생전 신탁에는 없는 퇴직금과 연금 자산도 처리할 수 있다. 또한 중요한 각종 계좌 관련 업무를 처리해 줄 누군가가 필요한 경우에도 큰 도움이 될 것이다. 위임장 문서가 없으면 각종 사용료, 통신 요금, 신용카드, 보험 회사 등으로부터 어떤 정보를 얻거나 거래하기 어려울 수 있다.

재무위임장을 작성했으면 연금, 개인퇴직연금, 퇴직연금 등을 취급하는 기관에 제출해야 한다. 그리고 서류가 요건을 충족하는지 확인해야 한다. 경우에 따라 기관마다 추가적으로 요구하는 서류가 있을 수 있다.

만약 이 문서를 사용해야 하는 사람이 있다면 원본을 가지고 있어야 한다. 원본은 안전하게 보관하고 항상 접근할 수 있어야 한다. 나는 문서들을 방수 및 방화가 가능한 금고에 보관할 것을 강력하게 권장한다. 만약 은행 금고에 보관하는 것을 선호한다면 당신의 신탁 후계자 이름도 계좌에 함께 등록하도록 하라. 만일 당신 이름만 등록했는데 당신이 사망(또는 불능 상태)한다면 누구도 서류에 접근하기 어려울 것이다.

▎재정 문제에 대하여
▎누군가의 도움을 받는 것을 고려한다

80세와 90세에 접어들면서 자신의 상태가 어떠할지 생각해 보는 50, 60대 사람들은 많지 않다. 하지만 지금쯤이면 최고의 은퇴는 한참 나이 든 후의 당신에게 무엇이 최선일지 생각하는 것에 달려 있다는 것을 알게 되었을 것이다. 이야기하고자 하는 바는 누군가를 당신의 재무 활동에 곧바로 개입시키라는 것이 아니라 당신의 두 번째 눈의 역할을 하고 당신의 재무 활동에 개입하여 도움을 줄 수 있는 사람을 준비하는 것은 매우 현명한 조치라는 것이다. 지금 당장은 청구서를 관리하고 투자 내역을 추적하는 데 도움이 필요하지 않다는 말을 전적으로 이해한다.

하지만 다음 주 혹은 6개월 후에 뇌졸중이 발병하고 판단력을 흐릿

하게 만드는 심각한 질병과 싸우고 있다면 어떻게 될까? 그리고 더 나아가 보자. 만약 어떤 시점에서 심각한 인지능력의 저하가 오면 어떻게 될까? 결혼한 사람들은 배우자가 당신의 일을 처리해 줄 것이라고 생각할 수 있다. 하지만 배우자가 그 '재무'에 관한 사항을 잘 모르거나 관심이 없다면 어떻게 될까? 이 모든 것이 당신에게 재무 대리인으로 지정할 사람이 필요한 이유다. 왜냐하면 당신이 할 수 없다면 그 사람이 개입해서 일을 처리할 수 있기 때문이다. 그리고 그들이 당신의 모든 세부적인 재무 사항을 안다면, 그들은 보다 쉽게 일을 처리할 수 있을 것이다. 당신이 누군가를 100% 신뢰하지 않는다면, 바람직하지 않겠지만, 재무위임장이 필요하다는 것을 염두에 두기를 바란다.

장례 절차에 대하여 원하는 바를 문서화한다

나는 또한 여러분이 사망 시 어떻게 해주기를 바라는지 문서화하고 가족들과 상의하기를 권고한다. 만약 당신이 매장이나 화장을 원하면 가족에게 이야기하라. 장례식 절차에 대해서도 원하는 바를 구체적으로 이야기할 것을 권한다. 화려한 관을 원하면 그렇게 이야기하라. 그렇지 않다면 각별히 그렇게 말하라. 당신이 아무 말도 하지 않고 세상을 떠나면 가족들은 슬픔으로 심약한 상태에서 비싼 관과 여러 가지 추가 비용을 요구하는 장례 업자에게 휘둘릴 수 있다. 가족들이 과도하게 장례비에 돈을 쓰는 것을 원하지 않는다면 당신이 원하는 바를 서면으로 작성하라. 그러면 유족들의 일을 훨씬 쉽게 해줄 것이다. 그리고 가장 좋은 점은 이 문서는 한 번만 작성하면 된다는 것이다. 진지하게 생각해 보면 이 장은 이 책의 전체 내용 중 가장 생각하기 쉽지 않다는 것을 잘 알고 있다. 하지만 이 문제들을 다루는 것이 사랑의 본질이다. 사망 시 당신의 재산과 소유물이 가족들에게 최대한 아름답게 분배될 수 있도록 당신이 할 수 있는 모든 일을 다 하는 것은 남아 있는 가족에 대한 사랑의 선언이다.

생전 신탁, 유언장, 사전연명치료의향서, 재무위임장. 가족에 대한 당신의 사랑을 표현하고 확장하는 데에 필요한 것은 이 4개 문서다. 무엇을 지체하는가.

KFP Note

자산을 이전하는 것을 증여 혹은 상속이라 한다. 증여는 살아서, 상속은 사망 이후에 이전하는 것이다. 증여와 상속을 미리 검토하고 준비하면 가족 간 갈등과 분쟁 가능성을 미리 피할 수 있고, 발생하는 세금을 줄이거나 세금으로 납부해야 할 재원을 미리 준비할 수 있다.

학업을 마치고 독립하거나 결혼을 앞둔 자녀를 둔 부모들은 그들의 독립 자금 혹은 결혼 자금을 증여해 주고 싶어 하는 경우가 많다. 적당한 규모의 증여는 자녀를 사랑하는 마음의 표현이며 바람직하다고 할 수 있다. 하지만 이로 인해 은퇴 생활, 은퇴 준비에 차질이 없어야 한다. 은퇴 자금 확보가 먼저이고, 그 이후 적당한 금액을 증여해야 한다. 그리고 부동산, 금융 자산 그리고 연금 자산 등은 사망 이후 상속이 되도록 계획을 세우는 것이 바람직하다.

증여 및 상속세율은 10~50% 구간으로, 이전되는 자산이 클수록 세율이 높아진다. 다만 증여세는 증여받는 사람(수증자)을 기준으로, 상속세는 상속을 하는 사람의 자산 기준으로 세금을 부과하기 때문에 증여세보다 상속세율이 높을 확률이 크다. 따라서 상속 자산이 클 경우에는 사전 증여를 통해 세금을 낮추는 방안을 찾을 수도 있다. 최근 일부 젊은 부모들은 어린 자녀들에게 주식 계좌를 만들어 주고 증여세 면세 한도로 증여하여 일찍부터 투자를 통해 재산을 증식하게끔 하기도 한다.

그리고 우리나라의 경우 부동산 자산 비중이 높기 때문에 상속 가액에 따른 세금을 납부할 현금이 없는 경우도 많다. 이를 잘 고려하여 부동산과 금융 자산의 비중을 적절하게 배분하거나 생명보험을 활용하여 상속세 재원을 마련하는 방안도 미리 검토하는 것이 좋다.

✔ 은퇴 체크 리스트

- 생존 시에는 당신의 재정을 관리하고, 사망 시에는 사랑하는 가족들을 위해 쉽게 그리고 개인적으로 사용할 수 있도록 생전 신탁을 준비한다.
- 유언장을 생전 신탁의 보충 문서로 사용한다. 여기에는 당신의 비금융 재산을 상속 받을 사람을 명기할 수 있다.
- 사전연명치료의향서를 작성하고, 신뢰할 수 있는 사람을 건강 관리 대리인으로 지정한다.
- 재무위임장을 작성한다. 당신의 노화 진행에 따라 당신의 청구서와 투자를 관리하는 데 도움을 줄 사람이 필요한 경우가 있다.
- 당신의 재정 문제에 대하여 지정된 '승계인 수탁자'와 공유하는 것을 검토한다. 모든 사람의 생활이 한결 수월해질 수 있다.
- 당신의 마지막 가는 길(장례 절차)에 대하여 당신이 바라는 바를 미리 말한다.

10장

다섯 가지
돈의 법칙

My Story

몇 년 전 65세 무렵 나는 인생의 큰 변화를 겪었다. 13년 동안 그토록 사랑했던 CNBC Suze Orman 쇼를 마치기로 결정했다. 20년 동안 지속된 인기 방송이었지만, 더 이상 계속하고 싶지 않았다. 내가 그만두고 싶다고 말했을 때 아무도 나를 믿지 않았다. 동시에 나는 「월간 오프라 매거진 O」 칼럼 게재도 마무리할 시간이라는 것을 알았다. 나는 또한 강연 제안을 거절했다. 그리고 새로운 사업 제안도 거절하기 시작했다. 나는 경력에서 내가 하고 싶었던 모든 일을 해낸 것 같은 느낌이 들었다. 다음 단계가 무엇일지 확신할 수는 없지만, 은퇴 후의 미래가 나와 KT에게 어떤 모습일지 기대되었다. 몇 달 동안 우리는 서부 해안에 있는 집을 팔고 바하마에 있는 작은 섬으로 이사했다. 우리는 공개적 장소로부터 사라졌다.

사람들은 내게 아마도 심리적 문제가 발생했을 것이 틀림없다고 생각했었다. 물론 내게 약간 두려움이 있었다는 것은 인정해야겠다. 아주 오랫동안 대중의 주목을 받아왔는데, 기립박수가 없었다면 나는 누구일까? Suze

Orman Show가 더 이상 존재하지 않는다면 Suze Orman은 누구일까? 그간 나의 정체성은 대중 앞에 노출된 모습 속에 휩싸여 있었고, 행복도 직업적 성공에 달려 있다고 느꼈다. 이 모든 것 없이는 내가 누구인지 알 수 없었다. 자신이 정말로 누구인지 알고 싶다면 가게도 없고, 자동차도 없고, 극장도 없고, 엔터테인먼트도 없고, 휴대전화 신호도 약하거나 없는 섬으로 이사해 보라.

그때 나는 낚시하는 법을 배우기로 결심했다. 낚시는 우리가 사는 곳에서 가장 큰 레저 활동이다. 낚시는 레크리에이션 스포츠이며 가족을 먹여 살릴 방법이다. 또한 나는 보트 운전 기술을 배웠다. KT와 나는, 선착장에 있는 다른 보트에 비해 보잘것없지만, 보스톤 고래잡이용 보트를 구입하여 하루에 몇 시간씩 바다에 나갔다. 처음에는 작은 물고기를 잡아 회를 떠서 먹었다. 다른 사람들은 훨씬 더 큰 물고기, 심지어 길이가 4피트에 달하는 물고기를 잡았지만, 우리는 작은 물고기에도 너무나 기뻤다.

우리는 계속했다. 바다와 하늘로 둘러싸인 바다에서 단둘이 있는 경험이 우리 도시 사람들에게는 너무나 큰 해방감을 맛보게 했기 때문이다. 작가 아이삭 디네슨은 이렇게 말했다. "모든 치료에는 염분이 있는 액체가 있다. 눈물, 땀, 바다가 그것이다." 나에게는 정말 진실이었다. 수년 동안 쌓아온 자존심이 벗겨지는 느낌이 들었다. 마침내 나는 아침에 깨어나서 아무런 계획을 세우지 않는 것을 좋아하는 법을 배웠다. 나는 달력이 완전히 비어 있는 것을 좋아했다. 그리고 이전에는 전혀 상상하지도 못했던 낚시를 배우면서 엄청나게 행복했다. 우리는 조금씩 우리가 잡는 물고기를 구별할 수 있었고, 잡는 물고기는 점점 더 커지고 있었다.

섬에서의 생활이 2년쯤 되었을 때, KT와 나는 추수감사절 꼬치삼치 낚시 대회에 참가했다. 꼬치삼치는 가장 잡기 어려운 물고기 중 하나로 알려져 있다. 크기가 커서 8피트까지 자랄 수 있고 무게가 150파운드 이상 나간다. 아주 빠르고 강하며 시속 50마일까지 헤엄칠 수 있다. 물고기를 잡으려면 특별한 낚싯대, 릴, 추, 미끼가 필요하다. KT와 나는 낚싯대 2개를 들고 32피트 고래잡이배를 타고 선원과 여러 대의 낚싯대를 갖춘 백만 달러짜리 보트를 탄 숙련된 어부들과 대결을 벌였다. 우리에게 승산은 없었지만 상관하지 않았다. 너무 신나고, 활기차고, 재미있었다. 그리고 KT와 내가 1위를 차지했다! 우리 자신을 포함해 모두가 놀랍게도 우리는 가장 많은 물고기를 잡은 것에서 1위를 차지했을 뿐만 아니라 가장 큰 물고기를 잡은 것으로 1위를 차지했다! 두 개의 트로피는 모두가 볼 수 있도록 우리 집에 전시되어 있다. 에미상을 두 번 수상한 것만큼이나 두 개의 낚시 트로피도 자랑스럽다.

내가 이 경험을 통해 무엇을 얻었는지 아시는가? 첫째, 바쁜 직장 생활에서 한발 물러나 새로운 열정을 발견하는 시간을 가졌다. 둘째, 승자가 되기 위해 가장 큰 배나 가장 큰 선원이 필요한 것은 아니라는 것을 알았다. 우리는 즐거운 마음으로 대회에 참가했고, 그날은 재미가 승리했다. 셋째, KT와 내가 삶에서 느끼는 기쁨은 모두 우리의 자립과 관련이 있다는 것을 깨달았다. 나는 더 이상 시청률이나 TV 경영진의 승인에 대해 걱정하지 않는다. 나는 내 행복을 위해 그 어느 것에도 의존하지 않는다. 나는 완전히 독립했다. 나의 행복은 전적으로 내가 통제할 수 있었다.

Suze Orman이 하루에 8~10시간을 보트에서 보내는 가장 행복한 어부일

> 것이라고 누가 생각이나 했겠는가? 이것이 나의 새로운 정체성이었을까? 그게 문제가 되는가? 우리가 섬 주민들의 존경을 받는 이유는 우리가 과거에 했던 일이나 이전에 어떤 사람이었기 때문이 아니라, 지금 삶을 살아가는 방식 때문이다. 나는 지금보다 더 나다운 느낌을 받은 적이 없었다. 나를 정의한다고 생각되는 모든 외부적인 것들이 제거된 상태에서 말이다. 최상의 은퇴는 자신이 진정 누구인지 발견하고 자신을 사랑하는 것이다. 사랑하는 여러분, 이것이 바로 진정한 행복이다.

KT와 내가 이 아름다운 삶의 방식을 누릴 수 있었던 것은 분명 행운이다. 그러나 여기에서의 교훈은 우리의 경험이 얼마나 멋진가에 대한 것이 아니다. 이것은 은퇴 후 당신을 기다리는 약속과 모든 관련이 있다. 교훈은 이렇다. 과거에 당신이 무엇을 했는지와 관계없이 당신은 당신이 했던 일로 정의되지 않는다. 당신은 자신이 누구인지, 어떻게 생활하는지, 자신과 다른 사람에게 보여주는 사랑과 존경에 따라 정의된다. 그리고 퇴근 후의 삶이 있다. 최상의 은퇴는 매일 아침 기쁨으로 일출을 맞이하는 것이다. 시간을 내서 자신의 내면을 들여다보고 삶의 경이로움에 감탄한다면, 자신이 발견한 것에 놀라게 될 것이다.

이 책을 덮기 전에 공유하고 싶은 몇 가지 다른 교훈이 있다. 이것이 중요하다. 앞으로 몇 년 동안 인내와 불굴의 의지가 있어야 한다. 돈에는 기복이 있다는 것을 수용하고 예상할 수 있어야 한다. 아무리 신중하게 계획을 수립하고 모든 일을 올바르게 실행하더라도, 인생의 여러 가지 일이 그렇듯이 돈도 항상 예측 가능한 방식으로 작용하지 않는 경우가 많다. 때로는 기대한 것보다 더 많이 갖게 될 수도 있고, 어떤 경우는 자금이 빠져나가서 줄어들 수도 있다. 주식시장에 돈을 넣었다가 갑자기 줄어들 수도 있다. 아니면 어느 날 갑자기 유산을 상속받을 수도 있다. 그리고 은퇴 후 아주 완벽한 새로운 직업 기회가 찾아올 수도 있다. 나는 이런 종류의 일이 사람들에게 일어나는 것을 여러 번 관찰했다. 당신의 금융 생활이 특정 궤도를 따라 꾸준하게 움직이고 있다고 생각하다가 갑자기 다른 곳으로 방향을 트는 경우도 있다. 이러한 전환은 흥미로울 수도 있고 두려울 수도 있지만, 모두 자연적인 삶의 순환의 일부이며 여기에는 돈의 수명도 포함된다.

재정적 미래에 대해 장기적인 시각을 가져야 한다는 것을 항상 기억하라. 당신이 이 책에 제시하는 조치를 취한다면, 현재 혹은 내년 또는 몇 년 후에 겪을 수 있는 어려움이 당신이 은퇴 생활을 즐기는 데 방해가 되지는 않을 것이다. 자신에 대한 믿음을 굳건히 하라. 열심히 노력하고 긍정적인 자세를 유지하면 어떠한 어려움도 이겨낼 수 있다. 그것이 내가 '전사 모드'라고 부르는 것이다. 접시에 너무 많은 것이 있다고 생각되면 다음과 같이 조언한다. 더 큰 접시를 구입하라. 당신은 당신이 생각하는 것보다 더 멀리까지 관리할 수 있다. 나는 우리가 감당할 수 없는 일은 결코 주어지지 않는다고 진심으로 믿는다.

그리고 모든 일은 최선을 다해야 일어난다는 것을 믿고, 모든 것이 선물이라는 것을 믿어야 한다. 이것은 내가 지금까지 당신에게 권고한 것 중 가장 어려운 것일 수도 있다. "수즈! 당신이 그토록 사랑하는 배우자가 세상을 떠나면 어떻게 할 것인가? 주식시장이 붕괴되어 당신 자금의 상당 부분이 공중으로 날아가 버린다면 어떻게 할 것인가?"라고 말하는 분들도 있을 것이다. 나는 그러한 사건이 비극적이고 고통스럽지 않을 것이라고 말하는 것이 아니다. 나는 그러한 것의 일부를 겪었고, 그것이 얼마나 힘든지 그리고 그것이 우리의 믿음을 얼마나 시험하는지 알고 있다. 그러나 또한 나는 우리가 마음을 열면 좋았던 시절에는 배울 수 없었던 우리 자신과 내면의 힘에 대한 교훈을 얻을 수 있다는 것도 배웠다. 현재 일어나고 있는 견딜 수 없을 것 같은 일들이 결국에는 상상도 못 했던 커다란 부를 가져다줄 수도 있다.

모든 일이 최선을 다하면 일어난다고 믿고, 어려운 시기에도 이 믿음을 굳게 붙잡는다면 어떤 상황에서도 좋은 결과를 끌어낼 수 있을 것이다. 당신은 숨겨진 선물을 찾을 것이며, 가장 어려운 경험에서도 황금을 추출하여 앞으로 나아갈 수 있을 것이다.

나는 여러분이 이 책의 지침을 따르고 자신의 상황에 가장 직접적으로 관련된 내용을 상세히 살펴볼 것을 기대한다. 이 책의 조언을 행동으로 구체화하시길 바란다. 특히 재무 자문가와 상담하는 경우, 그의 조언을 확인하려면 이 책의 가이드를 다시 참조해 보라. 그리고 평생 열심히 일한 돈으로 자신에게 최선의 이익이 되는 결정을 내리는 데 필요한 능력이 자신에게 있다는 용기와 자신감을 불러일으키도록 하라.

이제 마지막으로 나는 당신에게 은퇴 시점에도 당신과 함께 할 다섯 가지 '돈의 법칙'을 이야기하고자 한다.

1. 절대로 다른 누군가를 믿으라고 스스로에게 강요하지 않는다.
2. 다른 사람을 신뢰하는 것 이상으로 자기 스스로를 신뢰한다.
3. 이해하지 못하는 일을 하는 것보다는 아무것도 하지 않는 것이 더 낫다.
4. 만약 사랑하는 사람을 잃었다면 적어도 1년 동안은 자금을 안전하게 보관하는 것 외에는 아무것도 하지 않는다.
5. 최고의 재무 자문가를 찾고 싶다면 우선 거울을 살펴본다. 그 누구도 당신보다 당신의 돈에 더 관심을 갖지는 않는다.

나의 전사들이여, 당신에게 내가 바라는 바는 믿음과 성실함, 용기가 있다면 모든 것이 가능하다는 사실을 결코 잊지 않는 것이다. 당신은 진실 속에 서는 데에서 오는 조화를 알고 있다. 이 소중한 삶의 하루하루를 최대한 활용하라. 두려움이 아닌 기쁨으로 살아갈 수 있기를 바란다. 당신 자신과 다른 사람들에 대한 사랑이 당신이 하는 모든 일에 은혜를 주기를 기원한다. 나의 모든 사랑과 존경을 담아 나의 이야기를 마친다.

옮기고 나서

　한국재무설계(주)는 2005년 창립 이후 삼성전자, 한국은행, 현대자동차, 한국전력, 포스코 등 국내 유수기업 임직원, 그리고 병원과 대학, 직업군인을 대상으로 오랜 기간 재무 상담 및 교육을 진행해 왔습니다.
　저희가 만난 고객분들은 한결같은 꿈을 갖고 있었습니다. 오랜 직장생활, 전문직 또는 자신의 사업을 마치고 꿈에 그리던 은퇴생활을 시작하는 것입니다. 하지만 많은 고객들은 미래에 대한 희망보다는 걱정이 컸습니다. 은퇴를 위해 어디에 살 것인지, 어느 정도의 자금이 준비되어야 하는지, 어떻게 필요한 자금을 확보할 수 있는지, 은퇴 후 예상되는 위험에 어떻게 대비해야 하는지, 확보한 자금을 어떻게 운용해야 하는지, 은퇴 후 매월 고정적으로 지출될 것으로 예상되는 비용을 어떻게 현금화(인출)해야 하는지……. 결국 모두 어떻게 해야 '돈 걱정 없는 은퇴'를 성취할 것인가에 대한 것입니다.
　은퇴설계연구소는 '돈 걱정 없는 은퇴'를 적극적으로 준비하여 새로운 삶의 다음 단계로의 전환을 축복으로 만들고자 하는 고객을 지원하기 위해 설립되었습니다. 저희 연구소는 오랜 상담을 통해 축적된 사례와 전문가적인 식견, 전문지식과 강의자료 등을 체계화하여 은퇴 전 재무설계 및 실행, 은퇴생활 준비 및 가이드, 은퇴 후 자산관리 및 은퇴소득 창출 방안 등을 연구하고 확산하고 있습니다.
　어느 날 연구위원 한 분이 잘 읽히고 간결하면서도 유익한 은퇴설계 관련 책을 발견했으니, 같이 읽어 보자고 제안했습니다. 바로 이 책, 수즈 오먼의 The Ultimate Retirement Guide for 50+였습니다. 부제는 Winning Strategies to Make Your Money Last a Lifetime입니다.

저희들은 흥미롭게 읽고 옮기고 토론하고 공감했습니다. 그리고 한국의 독자들에게 이 책을 소개하고 싶은 욕심이 생겼습니다. 그런데 한가지 고민되었던 것은 미국과 한국은 금융상품과 세제, 의료보험, 신탁제도 등에서 몇 가지 제도적 차이가 있다는 점이었습니다. 저희가 생각해낸 방법은 역자주를 통해 우리나라의 은퇴 관련 제도와 상품, 상황 등을 미국과 비교하고, 각 장의 뒷 부분에 짧은 〈KFP Note〉를 추가하여 한국 독자의 이해를 돕는 것이었습니다. 그리하여, 이렇게 독자 여러분께 내놓을 수 있게 되었습니다.

물론 돈이 행복한 은퇴생활을 전적으로 보장하지는 않습니다. 몸과 마음의 건강, 아름답고 따뜻한 관계가 중요합니다. 하지만 행복한 은퇴를 위해서는 돈 걱정 없는 은퇴, 재무적 준비가 그 튼실한 기초가 됩니다. 이 책을 통해서 독자 여러분이 자신의 은퇴를 다시 한번 생각해 보고, 준비하고, 실행하는 계기가 되시기를 저희 역자들은 기대합니다.

2024년 8월
역자 일동

역자 소개

| 기획 |

한국재무설계(주)
서울시 강남구 테헤란로 103번길 14(삼성동) 1층 Tel.02-560-6000
'고객의 꿈과 재정적 안정을 위하여 최선의 재무설계 서비스를 제공한다'는 사명 아래 2005년 창립되었다. 재직 인원의 70% 이상이 CFP, AFPK 등 전문자격을 보유하고 있는 국내 최고 수준의 종합재무설계 전문가 그룹이며, 세무, 부동산, 법률 분야 자문위원과 연계하여 원스톱 재무서비스를 제공하고 있다. 대한민국 금융(자산컨설팅) 부문 혁신기업 대상(大賞)을 수상(한국일보, 2011년), 최근에는 재무설계 부문 소비자 선정 우수 기업 브랜드 대상(大賞)을 수상(동아일보, 2024년)했으며, 증권, 보험, 은행 등 금융기업들이 가장 선호하는 제휴 파트너 1위로 선정된 바 있다.

(부설) 은퇴설계연구소
'돈 걱정없는 은퇴'를 위해 적극적으로 준비하고 대처하여 새로운 인생으로의 전환을 축복으로 만들고자 하는 고객을 지원하기 위해 설립되었다. 재무-부동산-자산관리 분야의 박사급 연구위원, 오랜 상담 경험을 보유한 베테랑 재무설계사 및 세무, 부동산, 법률 등 분야 전문가들과의 협업을 통해 은퇴 전 재무설계 및 실행, 은퇴생활 준비 및 가이드, 은퇴 후 자산관리 및 은퇴소득 창출 방안을 연구하고 확산하고 있다.

옮긴이

최병문 한국재무설계(주) 대표이사
현대자동차 본사 해외마케팅담당으로 근무하다가 푸르덴셜생명으로 전직해서 영업을 시작했다. 23년간 보험 및 금융업계에서 지점장, 본부장, 본사 임원 등을 두루 거쳤다. 경기대 정치전문대학원에서 《은퇴자의 해외 살아보기식 여가 문화활동과 부부관계에 관한 연구》로 박사학위를 취득했다.
bmchoi@koreafp.co.kr

강주성 한국재무설계(주) (부설) 은퇴설계연구소 소장
21년차 재무설계사로 상명대학교에서 웰스매니지먼트학 박사학위를 취득하고, 상명대학교 경영대학원, 서울신학대학교 신학대학원 외래교수로 재직했다. SBS BIZ '집 보러 가는 날' 등 다수 방송출연과 삼성전자, ETRI 등 대기업, 공기업에서 강의 및 자산가, CEO, 법인 자산관리 상담을 하고 있다. 『돈 걱정 없는 행복한 우리집(해비타트)』의 집필과 『성경적 재정관리(크라운)』에 역자로 참여했다.
coach@koreafp.co.kr

유호실 은퇴설계연구소 연구위원
상명대학교에서 웰스매니지먼트학 박사학위를 취득했다. 국제공인재무설계사(CFP), 투자자산운용사, 증권투자권유대행인 자격을 보유하고 있다. 상명대학교 경영대학원, 건국대학교 미래지식교육원 외래교수를 겸하고 있다. POSCO, GS칼텍스 등의 국내 대기업과 공기업에서 재무설계, 자산관리 관련 강의 및 상담을 하고 있다.
uhosil@koreafp.co.kr

김지동 은퇴설계연구소 연구위원
연세대 경제학과를 졸업하고, 은퇴전환연구소 〈찬란한 오늘〉 대표로 활동하고 있다. 30여 년간 여러 기업에서 전시이벤트, 마케팅, 교육, 경영기획, 기술전략, 네트워크, 리스크진단 등 여러 업무를 경험했다. 『노후의 재구성(유노북스)』, 『은퇴전환(동연)』을 번역했다.
jinbatkim@koreafp.co.kr

돈 걱정 없는
은퇴를 준비하라

2024년 8월 26일 처음 펴냄

지은이 | 수즈 오먼 SUZE ORMAN
옮긴이 | 최병문 강주성 유호실 김지동
기　획 | 한국재무설계 은퇴설계연구소
펴낸이 | 김영호
펴낸곳 | 도서출판 동연
등　록 | 제1-1383호(1992년 6월 12일)
주　소 | 서울시 마포구 월드컵로 163-3
전　화 | (02) 335-2630
팩　스 | (02) 335-2640
이메일 | yh4321@gmail.com
인스타그램 | instagram.com/dongyeon_press

Copyright ⓒ 도서출판 동연, 2024

이 책은 저작권법에 따라 보호받는 저작물이므로, 무단 전재와 복제를 금합니다.
잘못된 책은 바꾸어 드립니다. 책값은 뒤표지에 있습니다.

ISBN 978-89-6447-020-6 (13190)